Johanna Klug
Mehr vom Leben

JOHANNA KLUG

Mehr vom Leben

Wie mich
die Begleitung
Sterbender
verändert

Kösel

Sollte diese Publikation Links auf Webseiten Dritter enthalten, so übernehmen wir für deren Inhalte keine Haftung, da wir uns diese nicht zu eigen machen, sondern lediglich auf deren Stand zum Zeitpunkt der Erstveröffentlichung verweisen.

Zum Schutz der Persönlichkeitsrechte sind die Namen der genannten Personen geändert. Die Menschen, die ihre Zustimmung gaben, werden mit ihrem richtigen Namen genannt.
Die Erlebnisberichte schildern die Sicht der Autorin und diese muss nicht mit der Wahrnehmung anderer beteiligter Personen übereinstimmen.

Aus Gründen der leichteren Lesbarkeit konnte eine gendergerechte Schreibweise nicht durchgängig eingehalten werden. Bei der Verwendung entsprechender geschlechtsspezifischer Begriffe sind im Sinne der Gleichbehandlung jedoch ausdrücklich alle Geschlechter angesprochen.

Penguin Random House Verlagsgruppe FSC® N001967

3. Auflage 2022
Copyright © 2021 Kösel-Verlag, München,
in der Penguin Random House Verlagsgruppe GmbH,
Neumarkter Str. 28, 81673 München
Umschlaggestaltung: zero-media.net, München
Umschlagmotiv: © Hendrik Nix, www.hendriknix.com
Redaktion: Michaela Borowy, www.trauerrednerin-muenchen.com
Satz: Satzwerk Huber, Germering
Druck und Bindung: GGP Media GmbH, Pößneck
Printed in Germany
ISBN 978-3-466-37279-9
www.koesel.de

Inhalt

Als mich das Leben berührte — 7

Essen, denn so schmeckt das Leben — 11
  Wenn Essen zur Nebensache wird — 11
  Sterbefasten — 15
  Jetzt ist anders essen wichtig — 19
  Liebe geht durch den Magen — 23

Beweglich bleiben bis zum Schluss — 27
  Den Körper nochmal spüren — 29
  Mobil im Kopf — 33
  Auch kranke Kinder möchten toben — 36

Kommunikation mit allen Sinnen — 41
  Die Wahrnehmung verändert sich beim Sterben — 42
  Das Hören bleibt — 43
  Erinnerungen auf der Zunge — 45
  Was uns Berührungen geben — 47
  Sinne machen Kommunikation erst möglich — 52
  Bin ich noch schön? — 59
  Kinder und Schönheit — 65
  Auf dem Sterbebett gibt es keine Verbote mehr — 66

Selbstbestimmung	75
Der Kampf Sterbender um ihre Autonomie	76
Thema Sterbehilfe	86
Loslassen müssen, auch wenn es schwerfällt	91
Sterben zwischen real und virtuell	93
WhatsApp und Co. – am Leben teilhaben bis zum Schluss	93
Sterben und Tod in den Sozialen Medien	97
Das digitale Erbe	100
Digitale Trauertreffen	102
Was Sterbende betrauern?	107
Nicht Gelebtes und nicht mehr Mögliches	109
Kindertrauer	120
Das »Danach« – Die Wege der Toten?	125
Wenn sich der Körper verabschiedet	125
(M)ein Tag beim Bestatter	132
Friedwald und andere, neue Formen der Bestattungskultur	135
Bestattungsrituale in Afrika und anderen Kulturen	137
Nahtoderfahrungen und Träume	139
Wie mich die Begleitung Sterbender verändert	145
Dank	149
Herangezogene und weiterführende Literatur	151

Als mich das Leben berührte

Eigentlich kann einem niemand mehr etwas vormachen, wenn man den Tod einmal gesehen hat. Es ist so, als ob sich das ganze Leben vor einem ausbreitet und sich eine Möglichkeit eröffnet, die zeigt: Verändere etwas in deinem Leben, mach nicht so weiter wie bisher!

Bereits als kleines Kind war für mich klar: Wenn ich etwas anfange, ziehe ich es bis zum Ende durch. Immer. Für mich gibt es keine oder sehr wenige Kompromisse. Vor allem dann, wenn ich mir einer Sache wirklich sicher bin, lasse ich mich von niemandem beirren. Als ich mit 20 Jahren aus dem Nichts auf die Idee kam, sterbende Menschen zu begleiten, tat meine Familie das erst als plötzlichen und schnell wieder abklingenden Einfall von mir ab.

Aber ich wusste von Anfang an: Ich kann das – sterbende Menschen begleiten. Und wollte dabei unbedingt Menschen am Ende ihres Lebens schöne Momente schenken. Auf meiner ersten Palliativstation engagierte ich mich fast zwei Jahre jeden Freitag. Ich war mir dabei so sicher wie bei sonst nichts. Ausnahmsweise hatte ich mal keine Selbstzweifel.

Endlich angekommen

Nebenbei, in meinem Bachelor- und Masterstudium wurden wir nach außen hin immer besonders gelobt und als etwas »ganz Besonderes« dargestellt. Doch Worte passen nicht immer zu den jeweiligen Taten, und so bestärkte sich mein Gefühl nur noch mehr, irgendwie falsch zu sein. Das war nicht meine Welt!

Nach meiner ersten Station auf der Palli in Würzburg ging ich nach Hamburg, ließ mich dort zur Sterbebegleiterin ausbilden und begleitete Sarah, ein damals 11-jähriges Mädchen mit der Diagnose Kinderdemenz. Sarah lehrte mich das Leben neu und veränderte meinen Blick auf die Welt. Nach einem Auslandssemester in Oslo ging ich nach Südafrika und arbeitete ein paar Monate in einem Hospiz. Am liebsten war ich mit dem Ambulanzwagen unterwegs in den ärmsten Regionen von Südafrika. Wir versorgten sterbenskranke oder mit HIV infizierte Menschen. Kinder spielten draußen im Müll, knabberten an Plastikverpackungen und beobachteten uns mit staunenden Augen. Das Schlimmste daran war zu wissen: Diese Kinder werden geboren ohne die Chance auf Bildung, Selbstverwirklichung und eine Zukunft außerhalb ihrer Slums. Das tut weh, bis heute.

Direkt nach meinem Masterabschluss baute ich an der Universität Regensburg den Studiengang Perimortale Wissenschaften mit auf. Ich entwickelte, koordinierte und lehrte dort für zwei Jahre. Neben meiner akademischen Laufbahn engagiere ich mich als Trauerbegleiterin, leite zusätzlich zu meinen wöchentlichen Besuchen auf der Palli eine Kindertrauergruppe und schreibe weiter an meiner Doktorarbeit.

So liebe ich das Leben

Mein ganzes Leben dreht sich um Sterben und Tod, und ich kann mir auch nichts anderes mehr vorstellen. Der Tod ist fester Bestandteil meines Lebens, es war quasi das Beste, was mir passieren konnte. Aber warum fängt eine junge Frau mit 20 Jahren aus dem Nichts heraus an, sich ständig mit dem Tod zu beschäftigen? »Leb doch lieber dein Leben«, wurde mir oft gesagt. Ich lebe und liebe mein Leben und vielleicht noch sehr viel intensiver und lebendiger als manch andere.

Mit meinen wöchentlichen Besuchen auf der Palliativstation betrete ich jedes Mal eine andere Welt und damit einen Raum, der so pur und lebendig ist, dass es mir manchmal schwerfällt, in meine eigentliche Realität zurückzukehren. Als Sterbebegleiterin habe ich über die Jahre gelernt, mit diesem diffusen Gefühl umzugehen, doch am Anfang fühlte ich mich in der Welt »da draußen« fremder als bei den Menschen, die gerade im Sterben liegen. Warum? Ich glaube, es sind diese unverfälschten, echten Momente, die so tief gehen. Eine einzige Begegnung auf der Palliativstation kann grenzenloses Vertrauen schaffen, das mit anderen Menschen so nie möglich wäre. Weil ich durch die Begegnungen mit sterbenden Menschen mit dem wirklichen Leben erst in Berührung komme.

Dieses Buch handelt gleichermaßen von Leben und Tod. Denn das Eine kann nicht ohne das Andere existieren. Die Verbindung zweier Größen, denen wir uns täglich, oft auch ganz unbewusst, konfrontiert sehen, aber nur zu oft verdrängen. Schieben wir dieses Thema weg, weil wir so große Angst davor haben? Weil der alleinige Gedanke an den Tod schon den Tod bedeuten könnte? Oder wollen wir uns und andere davor schützen? Letztlich wird uns doch erst durch diese doppelte Abhängigkeit das alles Entscheidende klar: Ich bin einzigartig, so wie ich bin – im Leben und im Tod.

Essen, denn so schmeckt das Leben

Jeden Tag erwachen unsere Lebensgeister und kurz nach dem ersten Augenaufschlag auch unsere Hungergefühle. Spätestens, wenn ich schlaftrunken in der Küche die Kaffeemaschine angeschaltet habe und sich der Duft nach frischem Kaffee ausbreitet, fragt sich mein grummelnder Bauch: Und was esse ich jetzt? Für den einen ist es das klassische Marmeladenbrot, der andere schwört auf Porridge, oder es gibt nur Kaffee, schwarz oder mit Milch. Nahrung gibt uns Energie, wenn wir gesund sind und wir Kraft brauchen, um den Alltag meistern zu können. Insofern gehört Essen einfach zum Leben dazu.

Wenn Essen zur Nebensache wird

Wie anders das für einen Menschen sein kann, dessen Leben zu Ende geht, der aufhört zu essen, hat mir Günther gezeigt: ein damals Mitte fünfzigjähriger geistig behinderter Mann. Er saß auf seinem Bett und malte. Die eine Hand hielt den Buntstift, mit der anderen stützte er seinen Kopf. Als ich sein Zimmer betrat, scannte er mich von oben bis unten. In seinen Augen lag etwas Freches. Seine großen, seitlich am Kopf abstehenden Ohren wackelten leicht. War er aufgeregt oder nervös? Ich konnte ihn nicht einschätzen, also stand ich erstmal etwas unbeholfen im Türrahmen, während er mich argwöhnisch beobachtete.

Aber es dauerte nicht lange, bis wir zusammen große und kleine Menschen malten, alle mit Segelohren und dünnen Beinchen. Neben den Unmengen an Buntstiften hatten sich auf dem Nachttisch kleine Süßigkeiten-Berge angehäuft. Ab und an suchte Günther nach einem Schokobonbon, dass er sich dann mit einem breiten Lächeln genüsslich in den Mund steckte. Aber er wurde zunehmend unruhiger und erzählte mir aufgeregt, dass ihm die ganze Nacht so schlecht gewesen sei. Er musste sich so oft erbrechen. »Jetzt wieder«, murmelte er und hielt sich den Bauch. Günther bekam eine kleine Spritze, und langsam wurde es wieder besser.

Als wir uns eine Woche später trafen, hatte er deutlich abgenommen und saß teilnahmslos in seinem Rollstuhl. »Er möchte nichts mehr essen und trinken«, sagte eine Pflegekraft zu mir. »Ein bisschen Ablenkung würde ihm guttun.« Wir bastelten Figuren aus Kastanien, die ich ihm zusammen mit seiner Lieblingsschokolade mitgebracht hatte. Die Kastanienfiguren nahm er mit in sein Zimmer, die Schokolade gab er mir zurück. Das war das letzte Mal, dass ich Günther begegnet bin.

Doch warum hat mir Günther die Schokolade zurückgegeben, obwohl er ganz versessen nach Süßigkeiten war? Warum wird auf einmal das Lieblingsgericht abgelehnt, das man extra gekocht oder besorgt hat? Warum hören Menschen mit einer unheilbaren Diagnose auf zu essen? Ganz einfach: weil sie sterben.

Der Körper möchte nicht mehr essen

Menschen, deren Leben zu Ende geht, hören häufig auf zu essen in dem instinktiven Wissen, dass sie das alles jetzt nicht mehr brauchen. Essen rückt in den Hintergrund, wird zur Nebensache. Diesen ganz natürlichen Vorgang hat die Gründerin der Hospizbewegung Ciceley Saunders mit den Worten beschrieben: »Menschen sterben nicht, weil sie nicht essen, sondern sie essen nicht, weil sie sterben.«

Ab einem gewissen Zeitpunkt ist Essen nicht mehr (über)lebenswichtig. Der Körper baut mehr und mehr ab und stellt allmählich die gesamten lebenserhaltenden Funktionen ein. Eine weitere Versorgung des Körpers mit Nahrungsmitteln wäre für den Körper in diesem Stadium ein regelrechter Kraftakt und kaum zu bewältigen.

Sofort schießt uns der Gedanke in den Kopf: »Mensch, der verhungert jetzt!« Vielleicht ist das der Grund dafür, dass sich auf den Nachttischen von Patienten häufig ungewöhnlich große Mengen an verschiedenen Keksen, Schokoladentafeln und sonstigem Süßkram finden. Wir kennen das selbst nur zu gut, dass wir unser emotionales Leiden mit Essen kompensieren. Der Zucker gibt uns – zumindest kurzzeitig – Aufschwung, bevor wir wieder in ein emotionales Loch fallen.

Ganz anders ist das bei Sterbenden: Wenn die Körperfunktionen eine nach der anderen versagen, sind die Sterbenden meist gar nicht mehr in der Lage, Flüssigkeit zu sich zu nehmen. Aus der Vorstellung heraus, der Mensch könne »von innen austrocknen«, werden häufig Infusionen gelegt, die den Körper versorgen sollen. Die Niere kann zu viel Flüssigkeit längst nicht mehr verarbeiten. Somit lagert sich diese überschüssige Flüssigkeit im Körpergewebe und in der Lunge ein (Ödeme). Ein Dominoeffekt, der zusätzlich zu

Atemnot führen kann. Für den sterbenden Menschen ist es nichts anderes als eine immense Qual. Wenn zusätzlich der Darm noch mehr Arbeit in Form von festen Nahrungsmitteln bekommt, obwohl der ganze Körper schon im »Sterbe-Modus« ist, geraten die schon längst nicht mehr voll funktionsfähigen Organe außer Kontrolle. Immense Verdauungsbeschwerden, Erbrechen und sonstige körperliche Symptome machen sich bemerkbar. Aus den Erkenntnissen von Experten, die sich mit dem Zusammenspiel von Darm und Psyche beschäftigen, lässt sich darüber hinaus erkennen, wie sehr diese belastende körperliche Situation den Sterbenden auf die Stimmung schlagen kann.

Im Falle von Günther hat er ganz selbstbestimmt auf seine sehr kindliche Art und Weise entschieden, Essen und Trinken einzustellen. All die leckeren Süßigkeiten um ihn herum haben ihn nicht mehr gekümmert. Für ihn war es wichtig, nicht allein zu sein, sich gut umsorgt und geliebt zu wissen. Und, oh ja, das taten wir alle auf der Palliativstation.

Künstliche Ernährung am Lebensende?

Doch was passiert eigentlich im Körper, wenn ein Mensch keine Nahrung mehr zu sich nehmen kann oder Essen und Trinken verweigert? Warum kann am Lebensende eine künstliche Ernährung eher kontraproduktiv als unterstützend sein?

Auch wenn es vielleicht verwundert, aber die meisten Patienten, die eines natürlichen Todes sterben, leiden im Endstadium nicht unter Schmerzen. Lange vor unserer hochtechnisierten Medizin sind bereits Menschen gestorben, bei denen die Natur auf ihre Art und Weise den Sterbeprozess beeinflusst hat. Stoffwechseländerungen und Ketone, die für den Abbau von Körperfett zuständig sind, können einen schmerzlindernden Effekt haben. Aber was passiert, wenn wir uns gegen die Natur stemmen?

Mithilfe einer PEG wird ein direkter Zugang zum Magen gelegt, und Menschen können künstlich ernährt werden. Rund 140.000 Fälle pro Jahr, 70 Prozent der Ernährten sind Heimbewohner. Eine außergewöhnlich hohe Zahl, finden Sie nicht auch? Hier gilt weniger das Prinzip, »nichts unversucht zu lassen« als eher das Problem des Zeitmangels. Denn durch das fehlende Pflegepersonal ist es effizienter, den Menschen eine PEG zu legen, als ihnen »Löffelchen für Löffelchen« Nahrung einzugeben. Das spart Zeit und Geld und macht sich zudem noch positiv im Geldbeutel der jeweiligen Institution bemerkbar. Eine rein ökonomische Maßnahme, die mit einem ethischen Konflikt einhergeht. Die künstliche Ernährung als lebensverlängernde Maßnahme, die sich dann schwierig gestaltet, wenn der Betroffene in seiner Patientenverfügung keine Angaben dazu gemacht hat und nicht mehr ansprechbar ist.

Sterbefasten

Im Sterben das Essen einzustellen, ist der natürliche Lauf der Dinge. Wer das nicht akzeptieren kann oder will, verhindert, dass sich der sterbende Körper die positiven Aspekte des biologischen Sterbens zunutze macht. Dieser freiwillige Verzicht auf Essen und Trinken am Lebensende ist bisher immer noch eine Grauzone in Deutschland. Viele Ärzte oder Pflegekräfte haben Angst, sich strafbar zu machen, wenn sie jemanden betreuen, der sich für Sterbefasten entschieden hat – schließlich haben sie den »Hippokratischen Eid« gesprochen, der den Arzt zur Erhaltung des Lebens verpflichtet. Für alle Beteiligten stellt das eine Extremsituation dar, zumal es in der Regel drei bis vier Wochen dauern kann, bis ein Mensch, der freiwillig auf Nahrung und Flüssigkeit verzichtet, stirbt. Ich habe schon von Menschen gehört, die fast 70 Tage gefastet haben, bis sie endlich gehen konnten. Das ist ein langwieriger und anstrengender Prozess für alle Beteiligten.

Das Wissen um die Vorgänge in einem sterbenden Körper kann es für Angehörige und Freunde leichter machen zu akzeptieren, dass die Menschen, von denen sie sich bald verabschieden müssen, das Essen und Trinken einfach einstellen. Dem betreuenden Pflegepersonal kommt meines Erachtens eine wichtige Rolle zu: Aufklärung und Erklärung so früh wie möglich ist immens wichtig, denn in den Tagen, Wochen, Monaten oder Jahren, wenn ein geliebter Mensch stirbt, ist kaum noch jemand in der Lage, diese wichtigen und oft auch tröstenden Informationen an- beziehungsweise aufzunehmen. In solch einer Situation sind wir wie betäubt, stehen unter Schock, und unser Gehirn ist buchstäblich in einem »Ich muss irgendwie funktionieren«-Modus.

Leider ist es immer noch so, dass die Palliativmedizin oder das SAPV-Team viel zu spät eingeschaltet wird und sich die Patienten bereits in einem akuten Sterbeprozess befinden. (SAPV ist die spezialisierte ambulante Palliativversorgung) Viele Patienten fürchten, dass es mit ihnen jetzt schnell zu Ende geht, doch das Gegenteil ist der Fall: Wenn die Palliativversorgung frühzeitig eingeschaltet wird, haben die Patienten weniger Depressionen, geringere Kosten und müssen keine aggressiven Therapien mehr durchführen. Was mit einer signifikant erhöhten Lebenserwartung von circa drei Monaten einhergehen kann.

Lebensfroh am Ende

Ich erinnere mich noch gut, als ich einer Patientin auf der Palliativstation begegnete, die tiefenentspannt in ihrem Bett lag und mich ganz munter begrüßte. Ihre Lebensfreude war regelrecht ansteckend, trotz ihrer schlechten Brustkrebsdiagnose: »Und ich dachte immer, auf die Palliativstation wird man als Müllentsorgung geschickt, aber dass ich auf ein Paradies der Stille mit ganz lieben Menschen treffe, hätte ich nicht gedacht.« All ihre Ängste waren ihr mit einem Mal genommen, und die Patientin erholte sich so gut, dass sie sogar nochmal nach Hause durfte. Ich bezweifle, dass dies auf der Intensiv- oder der Onkologiestation möglich gewesen wäre. Innere Widerstände, unzureichende Informationen und Ängste können uns so blockieren, sodass wir alles abblocken. Doch es passiert viel: vom palliativmedizinischen Konsiliardienst bis hin zur Öffentlichkeitsarbeit auf Social Media und Co.

Erst seit 2010 ist Palliativmedizin im Medizinstudium eingebunden. Meiner Meinung nach zu wenig, denn dieser medizinische Ansatz sollte die Basis für alle Disziplinen sein. Verständlich, dass immer noch auf vielen Stationen der kurative Ansatz als einzig vertretbare Option betrachtet wird.

Mein Opa – wenn jemand immer schmaler wird

Wenn Menschen aufhören zu essen, weil sie sterben, verlieren sie meist einiges an Gewicht. Für die Zugehörigen ist das oft ein regelrecht schockierender Anblick – wird damit doch das «Vergehen» des Körpers überdeutlich und der Fokus noch stärker auf die eigene Sterblichkeit gelegt. Als mein Opa Alfons starb, hatte er bei seinem Tod weniger als die Hälfte seines ursprünglichen Gewichts – immerhin hatte er als gesunder Mann 120 kg auf die Waage gebracht. »Unter 100 kg ist man doch kein Mann«, pflegte er immer zu sagen. Mein letzter Besuch bei ihm hat auch mich erschreckt. So dünn und zerbrechlich saß er da und schaute mich mit seinen blauen Augen an. Er, der immer die größten Tortenstücke verschlungen hatte und auf eine Scheibe Brot mindestens drei Scheiben Wurst packte, löffelte jetzt nur noch ein bisschen Brühe. »Ich bin so müde, Johanna«, sagte er und legte seine Hand auf meine Wange. Dabei sammelten sich Tränen in meinen Augen und fielen in großen Tropfen auf meinen Pullover.

Mein Opa war sein Leben lang aktiv, hatte er doch als Landwirt immer körperlich schwer gearbeitet. Jetzt war es sein Körper, der ihm Einhalt gebot, und durch seine Parkinson-Erkrankung hatte er nicht nur körperlich, sondern auch geistig abgebaut. An diesem Nachmittag saßen wir uns gegenüber, blickten uns lange an und genossen die Ruhe und Zweisamkeit. In diesem Moment war ich meinem Opa so nah wie noch nie in meinem Leben.

Zwei Wochen später ist Opa Alfons friedlich von uns gegangen. Ich kann mich noch gut daran erinnern, wie es war, als der Anruf aus dem Seniorenheim kam und wir es erst fassen konnten, als wir ihn tot im Bett liegen sahen. Es war ein lauer Sommerabend, und die sengende Hitze des Tages war einer friedlichen Kühle gewichen. Mein Blick fiel auf seine Wangenknochen, die spitz aus seinem Gesicht hervorstachen. Die Wangen eingefallen, der Kiefer durch ein Handtuch gehalten und geschlossen. Sein Gesichtsausdruck wirkte dabei so gelöst und entspannt.

Jetzt ist anders essen wichtig

Nicht jeder Mensch darf so sterben wie mein Opa. Aber Zugehörige, Freunde und Pflegende können viel tun, um Sterbenden eine bestmögliche Lebensqualität zu ermöglichen. Aus meinen Erfahrungen weiß ich, wenn ein Mensch todkrank oder in einem hohen Alter am Ende seines Lebens ist, braucht er eines am meisten: liebe- und würdevolle Begleitung bis zum Schluss. Wenn Sterbende oder Schwerkranke das Essen aufhören, gilt es, dies – auch wenn es noch so schwerfällt – zu akzeptieren. Ihnen die eigenen Bedürfnisse überzustülpen, wäre übergriffig. Eine erzwungene Nahrungsaufnahme wäre nahezu fatal.

Eine »Margherita« auf die Palli

Das, was früher einmal mit Leidenschaft gegessen wurde, verursacht nun Übelkeit. Manche Sterbenden essen die mitgebrachten Dinge aus Rücksicht auf ihre Zugehörigen und erbrechen sich danach wieder. Manche äußern ganz klar ihre Wünsche nach bestimmten Lebensmitteln, und die Angehörigen empfinden es dann als großes Glück, einen besonderen Wunsch erfüllen zu können – egal wie unvernünftig und ungesund er auch sein mag. Dabei erinnere ich mich an Annegret, eine etwas ältere Frau, die ab und an Pizza auf die Palliativstation bestellte. Der Lieferdienst war verständlicherweise etwas irritiert und perplex, aber Annegret hatte in dem Moment nur Augen für ihre »Margherita«. Was für ein Glücksmoment!

Wir beschäftigen uns gern damit, was und wann wir essen, laden Freunde zu uns nach Hause ein, um gemeinsam zu kochen und dabei Geburtstage, Studienabschlüsse, Beförderungen oder durchaus auch den Leichenschmaus zu feiern. Essen gehört zu den Grundbedürfnissen unseres Lebens, und letztlich verbinden wir damit nicht nur Genuss, sondern auch Geselligkeit. Die wenigsten Menschen essen gern allein. Oft schiebt man sich abends noch schnell eine Pizza in den Ofen oder isst eine Scheibe Brot. Essen verbindet, schafft Gemeinschaft und fördert sogar den Zusammenhalt von Kolleg*innen. Essen ist viel wichtiger, als wir uns oft bewusst sind. Studien zufolge essen wir in Gemeinschaft zwar größere Portionen, ernähren uns dabei aber gesünder. Das hat Vorteile nicht nur für unsere körperliche, sondern auch für unsere psychische Gesundheit. Und dabei ist es egal, an welchem Punkt unseres Lebens wir gerade stehen.

Ein ganz besonderer Obstsalat

So mag es auch Holger gegangen sein, der eines Tages sehr unruhig auf der Palliativstation auf und ab lief, als ich voll beladen mit Obst auf die Station kam. Ich nahm ihn mit in die Küche, legte Messer und Schneidebretter bereit, und dann saßen wir still nebeneinander, schnitten das Obst in gleich große Stücke und mischten es in einer Glasschüssel. Schweigend waren wir eine kleine Gemeinschaft. Wir hatten alle Hände voll zu tun, denn schließlich sollte jeder auf der Station ein Schüsselchen abbekommen. Die Zeit verging, und ab und an warf ich einen Blick auf Holger, der seine Außenwelt völlig vergessen hatte. Viele Monate später traf ich ihn noch einmal zu seinem zweiten und letzten Besuch auf der Palliativstation. Als er mich sah, fing er an zu lächeln und erzählte mir nochmal von diesem ganz besonderen Obstsalat.

Essen ist Leben – nicht immer

Wird unser Bedürfnis nach Essen gestillt, entspannen wir uns, und unser Gehirn schüttet dabei das Glückshormon Dopamin aus. Das spielt eine zentrale Rolle in unserem Belohnungssystem. Aber auch das Verlangen nach Essen wird davon gesteuert. Und wenn es uns einmal schlecht geht, weil wir traurig sind? Dann sind Schokolade und Co. auch nicht weit. Zumindest für kurze Zeit geht es uns dann wieder gut. Nicht umsonst wird in stressigen Zeiten von »Nervennahrung« gesprochen, die sich durchaus sehr individuell gestalten lässt. Essen versorgt uns und unterstützt die Funktionen unseres Körpers. Dabei werden allerlei Glückshormone durch unsere Blutbahnen geschickt. Wenn wir uns und andere also gut ernährt wissen, setzen wir das oft mit einer körperlichen Gesundheit gleich. Unser Körper ist ein Wunderwerk, dem wir viel zumuten können und der unglaublich viel aushält.

Essen ist Dopamin, ist Glück, ist Entspannung. Und allzu oft sind es genau diese positiven Erfahrungen, die es uns erschweren, in uns unbekannten Situationen bedürfnisorientiert zu handeln. Wenn jemand rapide an Gewicht abnimmt, sagen wir am Anfang vielleicht noch: »Mensch, siehst du aber toll aus«, doch bald schon können sich Sorgen breitmachen. »Iss doch was« wirkt dann eher wie eine zwanghafte Aufforderung, demjenigen regelrecht wieder »auf die Sprünge zu helfen«. Das Nicht-Essen ist meistens weniger das Problem. Es ist eher eine Begleiterscheinung. Aber weil wir Essen so eng mit Leben, Qualität und Kommunikation verbinden, fällt es uns schwer zu akzeptieren, wenn jemand auf einmal die Nahrung verweigert.

Essen als letzte Sinnlichkeit

Ein anderes Mal – es war kurz vor Weihnachten – beschloss ich, mit den Patient*innen Plätzchen zu backen. Wir waren zu dritt. Walter, der aufgrund einer weit fortgeschrittenen Krebserkrankung schon sehr schwach war, wollte aber unbedingt dabei sein. Ebenso Robert. Wir hörten Weihnachtsklassiker wie »O Tannenbaum«, »Süßer die Glocken nie klingen« und »Leise rieselt der Schnee«. Und während draußen Schneeflocken vom Himmel fielen und es schon langsam dämmerte, knetete und rollte ich den Teig aus, die beiden Herren stachen die Plätzchen aus und verzierten sie mit Zuckerperlen. Und als die Plätzchen im Ofen langsam knusprig wurden, saß Walter zufrieden in seinem Rollstuhl und lauschte der Musik. In der folgenden Nacht verstarb er. Vielleicht war es genau das, was ihm noch gefehlt hatte, um gehen zu können: ein Stück Normalität und ein bisschen Weihnachtszauber.

Kindheitserinnerungen

Für eine andere Patientin kamen mit der Zubereitung von Essen alte Erinnerungen hoch. Während Helga den Muffinteig in kleine Förmchen füllte, erzählte sie mir von ihrer schwierigen Beziehung zu ihrer Mutter. Sie hatte es gehasst zu kochen, weil ihre Mutter immer eine perfekte Hausfrau aus ihr machen wollte. Jetzt, so sagte sie, sei sie tatsächlich ganz verwundert, wie viel Spaß es ihr mache zu backen. Mit einem Lächeln fügte sie hinzu: »Auch kurz vor dem Tod kann man noch neue Dinge lernen.«

Das Schnippeln von Obst für einen einfachen Obstsalat oder das Backen von Plätzchen kann eine große Wirkung haben. Diese Geschichten zeigen, wie besonders etwas Alltägliches im Angesicht des

Todes sein kann. Im Trubel unseres Alltags haben solche Momente inzwischen aber eher Seltenheitscharakter. Auf die individuelle Essbiografie des Sterbenden einzugehen, ist wahnsinnig wichtig, denn das kann bedeuten, einen ganz besonderen Zugang zu dem Menschen herzustellen. Mit Essen verbindet jeder Mensch verschiedene Emotionen, bestimmte Lebensphasen und Erinnerungen.

Auf das Bauchgefühl hören können

Wenn es aber ums Essen geht, haben wir, die wir gesund sind und »voll im Leben stehen«, verlernt, auf unser Bauchgefühl zu hören. Es ist die Kehrseite in stressigen Zeiten, die unsere Grundbedürfnisse an Essen und Trinken schlichtweg vergessen lassen. Wir knien uns in die Arbeit und befriedigen unsere aufkeimenden Gelüste mit einem Schokoriegel oder einem großen Milchkaffee. Die Sterbenden machen uns vor, was wir oft längst verlernt haben: genau in sich hineinzufühlen, was der Körper braucht oder was eben gerade nicht.

Mein Credo in der Sterbebegleitung ist: Erst, wenn ich mich mit meinem eigenen Sterben und Tod auseinandergesetzt habe, kann ich auch andere Menschen begleiten. Wenn ich mich aber noch nie mit meiner eigenen Endlichkeit konfrontiert habe, kann ich für die Menschen an ihrem Lebensende nicht da sein.

Liebe geht durch den Magen

Inzwischen weiß ich, dass Liebe durch den Magen geht. Liebe, die wir ausdrücken möchten, wird dabei in Form von Schokolade, Wein oder einem Abendessen zum Ausdruck gebracht.

Transformierte Liebe also, die wir nicht mit Worten, sondern auch mit Nahrungsmitteln ausdrücken können. Wir vermitteln den Menschen gegenüber, die wir lieben, sozusagen unsere Wertschätzung. Gemeinsames Essen drückt Verbundenheit aus, ungefähr so wie bei dem Disneyfilm »Susi und Strolch«: romantische Musik und Spagetti Bolognese, serviert auf einem Teller für das verliebte Hundepaar. Susi und Strolch haben nur Augen für den anderen, und so merken sie erst nicht, dass beide die letzte Nudel geschnappt haben und gierig aufsaugen. Weil jeder Hund aber an einem »anderen Ende zieht«, bringt schlussendlich diese Nudel die zwei Verliebten erst so richtig nah zusammen. Mehr essensbehaftete Liebessymbolik kann es fast nicht geben!

Für Sterbende gilt das alles nicht mehr, und doch schafft Essen Lebensqualität auch im Sterben. Die Liebe, die wir ihnen ab sofort entgegenbringen, wird nun anders kanalisiert. Angehörige und Pflegende können auch dann noch ganz viel tun, wenn sie das Gefühl haben, eigentlich gar nichts mehr tun zu können: Besonders wichtig ist jetzt die Mundpflege. Denn da keine Nahrung oder Flüssigkeit mehr aufgenommen werden, sollte die Mundpartie immer befeuchtet bleiben. Solange der Sterbende noch in der Lage ist, sollte er die Pflege soweit wie möglich selbst übernehmen dürfen. Wenn das nicht mehr möglich ist, kann mithilfe eines Sprühfläschchens oder mit einem Fruchtsauger für Kinder – ähnlich wie ein Schnuller – der trockene Mundinnenraum feucht gehalten werden. Tatsächlich finde ich die Vorstellung, einen angefeuchteten Lappen oder ein extra dafür vorgesehenes stark vergrößertes »Wattestäbchen« zu verwenden, eher unangenehm. Auch gefrorene Obststückchen, Gemüse oder Wassereis können Linderung verschaffen. Jemand, der gern Butter oder Sahne gegessen hat, kann auch mit winzigen Stückchen versorgt werden. Das hat den positiven Nebeneffekt, dass das darin enthaltene Fett länger die Feuchtigkeit auf der Schleimhaut konserviert.

Das Besondere im Alltäglichen

Diese Tipps für die Sterbebegleitung kann jeder umsetzen, ohne eine pflegerische Ausbildung absolviert zu haben. Es geht allein darum, aktiv zu werden und sich nicht völlig hilflos zu fühlen. Das kann beiden Seiten guttun und eröffnet neue Möglichkeiten, um füreinander da zu sein. Und vielleicht kann nochmal eine ganz neue Art von Beziehung entstehen.

Wie so oft sind es die kleinen Dinge im Leben, die besonders sind. Es muss kein üppiges Festmahl sein, es genügen auch ein paar Plätzchen. Den Blick wieder zurechtzurücken und zu schärfen für das Wesentliche, ist für mich das Wesentliche. Das Besondere im Alltäglichen zu finden, ist eine Kunst, die ich durch meine Begegnungen mit Sterbenden wieder lernen durfte. Wenn ich damit meinem Gegenüber ganz unerwartet eine Freude bereiten kann, ist das wundervoll. Manchmal werde ich auch gefragt, wie viel die selbstgebackenen Kekse kosten. Dann sind die Patienten oder Zugehörigen oft ganz erstaunt, dass sie dafür nicht bezahlen müssen und ich das ehrenamtlich mache. Diese wertschätzende und aufrichtige »kleine Aufmerksamkeit« hilft mir, auch zu kritischeren Menschen einen leichteren Zugang zu finden. Doch erstmal muss ich mich leer machen für mein Gegenüber, offen sein und empfänglich. Und wenn ich das bin, kann alles passieren.

Beweglich bleiben
bis zum Schluss

»Tok, tik, tok« machte es und nochmal »tok, tik, tok«. Verdutzt wandte ich meinen Blick ab von den Rosen, die ich gerade noch einmal neu anschnitt, und blickte zum anderen Ende des Ganges, woher das seltsame Geräusch kam. Eine Frau in einem schicken Jogginganzug tippelte langsam auf mich zu. Mit jedem Schritt zog sie ihren linken Fuß ein bisschen nach und stützte sich dabei auf ihren Stock, der dieses eigenartig hallende »Tok, tik, tok« von sich gab. Als sie bei mir angekommen war, nickte sie mir zu, drehte sich in einer fließenden Bewegung auf dem Absatz um und tippelte zurück. Erstaunt beobachtete ich ihre immer kleiner werdende Gestalt, bis sie um die Ecke verschwunden war. Nur noch das gleichmäßige Geräusch ihres Stocks hallte durch die Gänge.

Ich schnitt die Rosenstiele zu, steckte die Blumen in die Vasen und startete meine Besuche. Immer wieder begegnete mir die Frau auf dem Flur. Und jedes Mal grüßten wir uns mit einem freundlichen Nicken.

Ganz bewusst besuchte ich sie in ihrem Zimmer erst ganz zum Schluss. Denn ich wollte sie auf ihrem Spaziergang auf der Palliativstation nicht stören, und ich hoffte wohl auch auf eine Gelegenheit, mit ihr ins Gespräch zu kommen.

»Und, bekomme ich denn keine Rose?« Ich fuhr herum, hinter mir stand die Frau mit dem Tippelschritt und schaute mich an. Ihr Gesichtsausdruck wirkte starr, fast leblos. Dann fiel ihr Blick auf die dunkelrote Rose in meiner Hand, und in ihrem Gesicht machte sich ein Lächeln breit. »Doch natürlich«, sagte ich, »aber ich wollte Sie bei Ihrem Spaziergang nicht unterbrechen.«

»Aaaah.« Sie atmete geräuschvoll aus und schien erleichtert. »Ja, jeden Tag laufe ich den Flur zehnmal auf und ab. Manchmal behindere ich dabei die Schwestern, aber irgendwie muss ich mich ja bewegen.« Ilse stützte sich auf ihren Stock. Ihre Hände zitterten leicht. »Kommen Sie, wir setzen uns auf die Bank«, sagte ich, und deutete dabei auf die Sitzgelegenheit. »Tok, tik, tok«, und Ilse ließ sich auf die Bank plumpsen. Dabei streckte sie die Beine aus und schaute mich aufmerksam an. »Seien Sie mal froh, dass Sie noch so jung sind«, erwiderte sie auf einmal barsch, »irgendwann macht der Körper einfach nicht mehr mit. Ich bin ja froh, dass ich noch laufen kann.« Und auf einmal war der barsche Unterton einem leisen, traurigen Murmeln gewichen. »Das gibt mir das Gefühl, bei allem, was passiert ist, zumindest noch ein bisschen lebendig und mir selbst nicht ganz so fremd zu sein.«

»Daheim sind meine Katzen, um die sich gerade meine Nachbarin kümmert. Ich wohne allein auf einem Hof mit lauter Blumen, liebe meine Tiere und die Einsamkeit. Jetzt wird das zum Problem, weil ich Hilfe brauche. Laufen geht schon, aber wie lange noch?«, sagte sie und schaute mich mit ihren haselnussbraunen Augen an. Aus ihrer Hosentasche zog sie ein kleines Bild, das ihr Anwesen zeigte. »Wenn ich nicht mehr bin, wird auch davon nichts mehr sein«, sagte sie und steckte das Foto zurück. »Also dann«, und mit einem Ruck stand sie auf, und »tok, tik, tok« setzte sie ihren Spaziergang entschlossen fort.

Ich bewege mich, also bin ich

Sterbende fühlen sich – wie Ilse – oft fremd im eigenen Körper, wenn sie die vielen Einschränkungen spüren. Nicht nur, dass der Körper als kontrollierendes Instrument nicht mehr so funktioniert, wie man es als gesunder Mensch erlebt hat. Sondern dabei findet auch eine Entfremdung des eigenen Selbst statt. Die Chemotherapie hat auch bei Ilse ihre Spuren hinterlassen: Der Körper ist aufgedunsen, Übelkeit und Erbrechen wechseln sich ab, und die Zerstörung der kranken und gesunden Zellen lassen den Körper regelrecht auf null herunterfahren. Die dadurch verursachte Blutarmut zeigt sich durch Müdigkeit und Erschöpfung. Vielfache Studien haben belegt, dass körperliche Aktivität hier helfen kann. Sogar die Wahrscheinlichkeit eines Rückfalls kann minimiert und das Tumorwachstum gehemmt werden, betont die deutsche Krebsgesellschaft. Aber auch die Physiotherapeut*innen auf der Palli versuchen, die Menschen immer wieder zu individuell angepassten Körperübungen zu animieren. Sport – ohne sich selbst zu unter- oder überlasten – macht den Körper widerstandsfähiger, verbessert die Schlafqualität und vermindert Schmerzen. Aber vor allem stärkt es die Psyche und wie bei Ilse sogar die Resilienz – also die psychische Fähigkeit, besonders schwere Lebenssituationen zu überstehen. Denn Bewegung heißt letztlich auch Leben.

Den Körper nochmal spüren

Bewegung ist gleichzeitig Kraftquelle und Antrieb im Leben und kann auch am Ende vieles zum Positiven verändern: Der Körper wird aktiv spürbar und nicht mehr als »passives Medium« im Bett erfahren. Sterbende Menschen können sich kraftvoll und stark fühlen, wenn sie noch ein paar Schritte alleine gehen können. Gerade dann, wenn der Körper sich durch die Krankheit verändert hat und wir von alten, liebgewonnenen Gewohnheiten Abschied nehmen müssen. Das gilt vor allem dann, wenn ein Mensch früher sehr beweglich war.

Mit dem Rollator und auf drei Beinen

Mein Opa Alfons starb über einen Zeitraum von ungefähr einem Jahr. Ein einziger Sturz war es, der sein Leben schlagartig veränderte. Er hangelte sich von Krankenhausaufenthalt zu Reha und wieder zurück, immer in der Hoffnung, wieder nach Hause zu kommen. Seine Parkinson-Erkrankung verschlechterte sich durch die vielen Ortswechsel und Medikamente immens. Mein Opa war Landwirt von ganzem Herzen. Er kannte nichts anderes, als täglich draußen sein Getreide zu säen und später die Ernte einzufahren, Kartoffeln im Frühjahr zu setzen und im Herbst wieder zu lesen. Noch im hohen Alter von 82 Jahren war er in der Lage, selbst sein Brennholz zu hacken. Von einem Tag auf den anderen war das nicht mehr möglich, und obwohl er ein »zäher Brocken« war, wirkte es, als würde buchstäblich die Lebenskraft aus ihm herausfließen.

Irgendwann fing Opa Alfons plötzlich an zu halluzinieren. Er sah überall schwarze Männer und Würmer, die ihn und andere auffressen wollten. Mein Opa kam in die Psychiatrie, gefangen in seinem eigenen Körper mithilfe eines monströsen Medikamentencocktails. Die Ärzte dachten, er sei verrückt, ich zweifelte stark, aber konnte auch keine Erklärung für seine plötzlichen Halluzinationen finden.

Als schließlich mein Onkel herausfand, was eigentlich vor sich ging, bekam mein Opa schon mehrere Monate fälschlicherweise die dreifache Dosierung seiner Parkinson-Medikamente. Niemand hatte etwas bemerkt. Die Medikation wurde umgehend, aber langsam abgesetzt, und auf einmal war er wieder klarer im Kopf, und auch sein Körper gehorchte ihm wieder. Doch irreversible Schäden blieben. Glücklicherweise kam seine Bewegungsfähigkeit für kurze Zeit wieder zurück. Es war wie ein Aufblühen, auch wenn sein dringlichster Wunsch, nochmal nach Hause zu können, nie erfüllt werden konnte.

Meine Schwester und ich besuchten Opa Alfons also in dem Pflegeheim, so oft es ging. Eines Nachmittags saß er bei Kaffee und Kuchen. Nicht nur er selbst war voller Kuchenbrösel, auch auf und unter dem Tisch befanden sich unzählige Krümel. »Opa«, riefen wir beide, und er streckte uns seine Hände entgegen. Seine Augen strahlten vor Freude. »Wollen wir auf dein Zimmer gehen?«, fragte meine Schwester, »dort haben wir ein bisschen mehr Ruhe.« Opa Alfons nickte, schluckte, zog seinen Stuhl weg und umschloss die Griffe seines Rollators. Kaum hatte er den ersten Schritt getan, hatte er uns auch schon mit seinem neuen Gefährt weit hinter sich gelassen. Wir Schwestern schauten uns nur kurz an und mussten beide grinsen – ja, Opa Alfons hatte sich wieder zurückgekämpft ins Leben und war seitdem nicht mehr nur auf zwei Beinen, sondern zusätzlich noch mit vier Rollen unterwegs. Er war nun auf eine andere Art und Weise beweglich, aber das war für ihn ein großes »Plus« an Bewegungsfähigkeit.

Eine Mobilisierung am Ende des Lebens ist nicht zu unterschätzen. Wenn Schwerkranke feststellen, dass sie noch ein paar Schritte zu Fuß gehen können, ist das für viele eine intensive Erfahrung: den Körper nochmal spüren, die Füße auf dem Boden, die Beine anheben und Schritt für Schritt nach vorne gehen. Zum Beispiel vom Rollstuhl zum Bett oder ein paar Stufen hinauf und hinunter. Das alles sind Erfolgsmomente und Lichtblicke für viele Sterbende!

Auch passive Bewegung tut gut

Wie können Momente geschaffen werden, wenn der sterbende oder schwerkranke Mensch nicht mehr in der Lage ist, sich selbst zu bewegen? Die Physiotherapeut*innen, die nicht nur auf der Palliativstation arbeiten, sondern meistens in dem gesamten Krankenhaus unterwegs sind, sind genau dafür ausgebildet. Sicherlich ist das nicht meine Expertise, aber ich bin sehr froh darüber, dass ich ab und an mal bei diesen Behandlungen dabei sein darf.

Ich begleitete Physiotherapeut Markus, der für eine Lymphdrainage, einer medizinischen Massage, bei Rosemarie vorbeischaute. Ihr waren aufgrund einer Chemotherapie alle Haare ausgefallen. Ein blaues Kopftuch mit roten Punkten schmückte ihren Kopf und ihren Körper ein knallroter Jogginganzug. »Ich liebe Farben«, sagte sie und strahlte mich an. Mir fiel mal wieder auf, wie anders ein Mensch aussieht, so ohne Wimpern und Augenbrauen. Die Schönheitsindustrie lebt uns vor, wie viel »besser« ein Leben ohne Haare ist, wenn man dann aber gar keine mehr hat, passt es auch wieder nicht. Sofort gehen die Alarmglocken mit dem Warnsignal »Krankheit« an.

Rosemarie war schon immer etwas fülliger gewesen, aber durch die unzähligen Behandlungen hatte sich in ihren Beinen viel Wasser eingelagert. Als sie Markus erblickte, fing sie sofort an, ihre Hose auszuziehen, vielleicht in der Vorfreude auf die Behandlung? Ich war überrascht: kein Schamgefühl weit und breit. Sich auszuziehen, ist in unserer Gesellschaft oft mit einem großen Unbehagen behaftet, sich aber für eine medizinische oder therapeutische Behandlung auszuziehen, erfolgt auf einer anderen Ebene unserer Gefühle.

Ganz sanft drückte Markus mal hier und dort hin und begann, in kreisenden oder drückenden Bewegungen die angeschwollenen Beine zu massieren. Für mich sah das alles ganz unkompliziert aus, aber natürlich steckt auch hier ein enormes Fachwissen dahinter. Rosemarie plapperte währenddessen munter weiter, erzählte uns von ihrer Lieblingsfernsehserie und ihren Enkelkindern. Dann fragte sie mich, ob ich gerade in Ausbildung sei, um gleich darauf wieder auf ihre Vorliebe für weiße Schokolade zurückzukommen. Doch je länger Markus ihre Beine behandelte, desto stiller wurde Rosemarie. Schon bald hatte sie ihre Augen geschlossen und summte leise vor sich hin.

Auch ein Minimum an Mobilität kann für den Einzelnen etwas Maximales bedeuten. Ich hatte das Gefühl, dass sich Rosemarie wirklich entspannen und durch die Massage ihren Körper nochmal viel intensiver wahrnehmen konnte.

Mobil im Kopf

Doch unsere Mobilität findet nicht nur körperlich statt, sondern auch im Kopf, um fit zu bleiben. Denn selbst, wenn die Bewegung unsere Psyche stärkt, Depressionen und Ängste lindert, wünschen wir es uns, so lange wie möglich auch unser Gehirn aktiv zu halten.

»Lo ... Loooo ...« – die Qual der Sprachlosigkeit

Ich lernte Anja in einem sonderbaren Zustand kennen. Dazu muss ich sagen, dass ich zu meinen Anfangszeiten auf der Palli mit onkologischen Erkrankungen nicht so vertraut war und nicht genau darüber aufgeklärt wurde, in welchem gesundheitlichen Zustand sich die Patient*innen befanden. Das fand ich zu dieser Zeit gar nicht so schlecht. Denn hinter jeder Tür erwartete mich ein anderer Mensch mit seiner Geschichte, und ich war dankbar dafür, diesen Menschen neu kennenzulernen.

Anja war eine groß gewachsene schlanke Frau mit blitzenden Augen und braunen Korkenzieherlocken, die sanft um ihr Gesicht hüpften. Doch Anja hatte sich die Decke bis zum Hals gezogen, lugte skeptisch aus ihrem Kissennest zu mir herüber. »Was?«, fragte sie und zog die Decke noch ein wenig höher. Ich trat näher zu ihr heran und stellte mich vor. Anja nahm sich Zettel und Stift, die schon auf ihrem Nachttisch bereitlagen und fing an zu schreiben. Als sie mir den Zettel reichte, standen da nur einzelne Buchstaben oder angefangene, unvollendete Wörter. Irgendwie ergab es keinen Sinn.

»Es tut mir leid, aber ich verstehe das nicht«, murmelte ich und war verwirrt über Anjas eigene Verwirrung, denn auf mich machte sie einen körperlich gesunden, ja richtig aktiven Eindruck.

»Loko …«, setze sie an und beendete das Wort gleich wieder. »Lo, looo …« Auf einmal wurde sie wütend, und Tränen liefen ihr über die Wangen. Sie zerriss den Zettel in kleine Stücke, knallte den Stift auf den Tisch und fuchtelte mit ihren Händen herum. Ich blieb bei ihr und atmete ruhig weiter.

Irgendwann fauchte sie mich an, und erschrocken wich ich zurück. »Gehen!« Draußen auf dem Flur musste ich erstmal tief durchatmen. Was war da gerade passiert? Hatte ich mich wie der größte Vollidiot aufgeführt?

Zurück im Stationszimmer fragte ich nach Anjas gesundheitlichem Zustand. »Oh, hat dir das keiner gesagt?«, fragte eine Pflegekraft. »Sie hatte eine Tumoroperation und hat dabei ihre Sprache verloren: Aphasie. Das macht sie gerade ziemlich fertig, und durch die starken Schmerzmedikamente ist sie gerade in einem starken Dämmerzustand und kann sich noch viel weniger ausdrücken.« Ich nickte. Das Treffen mit Anja beschäftigte mich noch eine ganze Weile, aber bei meinem nächsten Besuch war sie bereits nach Hause entlassen worden.

Monate später, ich saß gerade in der Küche und portionierte Eiscreme in kleine Glasschüsseln, stand auf einmal Anja in der Tür. Ich blickte sie erstaunt an. Ein Mann schob sich in den Türrahmen. Es vergingen nur Sekunden, die mir allerdings vorkamen wie eine Ewigkeit. Dann setzten sich beide. »Wir wollten zu Besuch vorbeikommen«, sagte der Mann und lächelte. »Anja geht es zunehmend besser, und sie wollte unbedingt nochmal Danke sagen.« »Danke?« Ich schaute sie fragend an.

»Ja, weil Sie bei Anja geblieben sind und ihrem Gefühlssturm standgehalten haben. Sie sind nicht automatisch geflüchtet, sondern geblieben und haben das Chaos mit ihr ausgehalten.«

Anja nickte, strahlte mich an und streichelte ihrem Mann liebevoll über die Wange. Dann wandte sie sich mir zu und sagte sehr holprig und langsam, dass es ihr leidtue, wie sie sich an dem Tag verhalten habe. Sie war verzweifelt und einfach so wütend. Es brauche viel Zeit, aber die Wörter kommen langsam wieder. Ich schaute beide an und brachte keinen Ton heraus, so erstaunt war ich über die ganze Situation.

»Und was ist das schwierige Wort, das du vor Johanna auch nicht aussprechen konntest, mein Schatz?«, fragte ihr Mann und zwinkert mir zu. »Lokomotivführer«, sagte Anja stolz.

Bei dem »Verlust der Sprache« nach einer Operation versteht, hört und sieht der Patient alles, kann aber seine eigenen Gedanken nicht mehr in Worte fassen. Es ist ein langer Weg zurück zur Sprache, der mit viel Geduld verbunden ist. Es ist wie eine Blockade zwischen Kopf und Mund. Der Betroffene ist zwar geistig total fit, aber quasi »eingesperrt« in seiner Gedankenwelt. Anja hat es geschafft, sich ihre Sprache wieder zurückzuholen, und gezeigt, was für einen inneren Kampfgeist sie in sich trägt. Bewegung bedeutet also nicht nur die körperliche Mobilität an sich, sondern auch auf der kognitiven Ebene nicht zu stagnieren. Anja hat ihre Sprachfähigkeit wieder neu erlernen müssen, ohne sich dabei aufzugeben. Für mich ist das auch eine Form der kognitiven Bewegungsfähigkeit.

Ausruhen vom Leben

Doch mit Mobilität setzen wir oft etwas körperlich Aktives in Verbindung. In Südafrika habe ich tatsächlich das genaue Gegenteil erfahren: Viele der »Big Mamas«, die ins Hospiz kamen, wollten sich gar nicht mehr mobilisieren lassen. Vielleicht war ein Grund dafür ihr enormes Körpergewicht, aber auch weil sie einfach müde waren von den ganzen Anstrengungen ihres Lebens. »Mir ging es noch nie so gut wie hier«, sagte eine alte Afrikanerin zu mir, der aufgrund einer schweren Erkrankung das Bein amputiert wurde. »Dreimal am Tag bekomme ich Essen, ich werde gewaschen und habe ein eigenes Bett. Darin will ich liegen, bis ich sterbe.«

Im Gegensatz zu Erwachsenen möchten Kinder die Welt für sich entdecken und sprudeln vor Lebensfreude. Was für einen Einfluss hat aber eine tödlich verlaufende Erkrankung eines Kindes auf die Mobilität?

Auch kranke Kinder möchten toben

Meine Begleitung von Sarah war und ist immer noch eine ganz besondere. Damals war sie elf Jahre alt, geistig aber auf dem Stand einer Fünfjährigen. Sarah hat Kinderdemenz. Bereits bei unserer ersten Begegnung war sie blind, das erste Symptom dieser seltenen Stoffwechselerkrankung. Es folgen epileptische Anfälle und der Verlust aller kognitiven und vor allem der motorischen Fähigkeiten. Je nach Art der Erkrankung können Patienten mit Kinderdemenz bis zu 30 Jahre alt werden. Das hört sich »relativ« alt an, doch müssen die meisten Patienten ab einem bestimmten Zeitpunkt künstlich ernährt oder beatmet werden.

Doch wie so viele Kinder in diesem Alter hatte auch Sarah einen unheimlichen Drang nach Bewegung und nach Abenteuern – einfach nach ganz viel Leben.

Kinder leben im Hier und Jetzt – auch mit Demenz

Als ich Sarah kennenlernte, war ich gerade noch mitten in meiner Ausbildung zur Sterbebegleiterin. Da ich schon Erfahrungen auf der Palliativstation gesammelt hatte, wollte ich unbedingt Kinder oder Jugendliche begleiten. Der Anruf, dass es da eine Familie mit einem schwer erkrankten Kind gebe, kam schnell. Es war Mitte Juni, ein warmer Sommertag in Hamburg. Ich traf mich mit der Hospizkoordinatorin für einen Erstbesuch bei Sarah und ihrer Familie. Bereits zu der Zeit hatte ich kurz rasierte Haare und trug große Ohrringe. Ich war aufgeregt, wusste ja nicht, wie die Familie auf mich reagieren würde. Als Sarah und ich uns gegenüberstanden, war ich nervös. Sie war ganz ruhig, betastete meinen kahlgeschorenen Kopf und klipste sich meine Ohrringe an ihre kleinen Ohren. »Du bist ja ein Radieschenkopf«, quiekte sie und schrie vor Lachen kurz auf.

Ab und an spielten wir fangen. Sarah wollte unbedingt mit ihren Brüdern mithalten, doch schon lange ist sie nicht mehr so schnell wie sie. Ich nahm sie an der Hand, wenn wir rannten, doch ihr Gang wurde immer unsicherer. »Schneller, schneller«, keuchte sie und zog mich mit sich. Wir rannten gemeinsam, Hand in Hand, ich war in dem Moment ihre Stütze. Der Abbau von Muskeln führt dazu, dass jeder ihrer Schritte immer instabiler wurde. Sie spürt den eigenen körperlichen Verfall und ist dabei ihrer Krankheit ausgeliefert. Denn Sarahs Form der Kinderdemenz ist unheilbar. Auch wenn ihr oft die Gelenke weh tun, will sie weitermachen, nicht aufgeben, sondern herumtoben wie ihre Brüder. Aber immer öfter hat Sarah keine Kraft mehr. Lange Strecken kann sie nicht mehr laufen. Dann sitzt sie im Rollstuhl, um sich auszuruhen.

So wie jedes Kind lebt sie im Hier und Jetzt und lässt sich trotz vieler schwerer und auch schmerzhafter Momente nicht unterkriegen. »Guck mal, Johanna«, sagte sie, als ich mal wieder zu Besuch war. Sarah trug ein neues Kleid und drehte sich um die eigene Achse. »Du bist ja eine richtige Prinzessin«, staunte ich, und sie nahm meine Hand. »Los, spielen«, sagte sie und flitzte davon.

Auch wenn sich ihr Zustand immer mehr verschlechtert und ich bei jedem Abstecher in Hamburg Angst habe, dass sie mich bereits vergessen haben könnte, werde ich von ihr immer eines Besseren belehrt. Denn der *Radieschenkopf* bin ich bis heute geblieben. Aber irgendwann wird sie alles vergessen haben, dann wird sie nicht mehr laufen, sprechen oder essen können.

Unsere Sinne helfen uns bei der Ausrichtung unseres Gleichgewichts, unser Körper führt die Signale unseres Gehirns aus. Doch bei Sarah läuft der körpereigene Prozess rückwärts. Irgendwann wird sie an den Folgen sterben. Doch bis dahin ist sie ein junges Mädchen, das jeden Tag die Welt neu für sich entdeckt.

Ein krankes Kind trotzdem Kind sein lassen

Ich habe viel von ihr gelernt, und manches begreife ich erst jetzt. So voller Freude sie war, so wütend und aggressiv war sie auch in Momenten, in denen sie feststellte, dass sie in ihrer Beweglichkeit immer mehr von ihrem eigenen Körper eingeschränkt wurde. Doch Sarah singt laut in der U-Bahn oder wird wütend im Supermarkt. Jeder Moment mit ihr zeigte mir, wie bunt und breit gefächert unser Leben doch ist.

Manchmal sagte sie zu mir: »Johanna, wenn ich im Himmel bin, werde ich Vampir sein«, und damit sie nicht so allein ist, wollte sie auch ihre Familie und mich zu Blutsaugern machen. Dann würden wir durch die Lüfte fliegen und dabei ganz frei sein. In der Imagination ist alles möglich: Wir überwinden die Grenzen unseres Körpers und können so sein, wie wir wollen. Ich glaube, das ist auch das, was sich Sarah wünscht, auch wenn sie es so nie direkt sagen kann: unendlich frei zu sein, ohne die Einschränkungen ihres Körpers.

Oft sind uns Kinder um ein Vieles voraus, und doch können Erwachsene allein schon aufgrund des Größenunterschieds über sie hinwegschauen. Wir gestalten die Zukunft unserer Kinder und diese irgendwann die ihrer Kinder. Das impliziert natürlich auch den Umgang mit Sterben und Tod. Kinder werden den Tod immer als etwas Grausames, Schmerzhaftes und Vernichtendes verstehen, wenn ihre Familie und Bekannte es ihnen so vorleben. Daran wird sich nur schwer etwas ändern, wenn sie älter werden. Diese Botschaft wird weitergegeben. Solange wir Kinder als »kleine Erwachsene« und nicht als Kinder sehen, ihnen kindgerecht ihre neugierigen Fragen rund ums Sterben beantworten, solange werden auch wir Unwissende und Verdrängende bleiben. Cornelia Funke, die bekannte Kinder- und Jugendbuchautorin, sagte einmal: »*Kinder wissen sehr genau, wie gefährlich die Welt ist. Vielleicht sogar ein bisschen mehr als die Erwachsenen. Wir verdrängen die großen Fragen, je älter wir werden, und ertrinken im Alltag. Kinder wollen von den großen Fragen hören.*«

Beweglich zu bleiben, bedeutet viel mehr, als nur Sport zu treiben, sondern auch beweglich an den Prozessen des Lebens teilzunehmen, sich auszurichten auf das Gegenüber und Situationen auszuhalten, die nicht immer »schön« sind. Denn auch das Leben ist nicht immer schön. Es verläuft in Höhen und Tiefen, aber wenn wir beweglich bleiben im Kopf und im Körper, werden wir auch am Ende unseres Lebens vielleicht leichter über die »Brücke hinter den Sternen« gehen können, wie es Cornelia Funke so schön in ihrem Buch formuliert hat.

Kommunikation mit
allen Sinnen

Wie viele Sinne hat der Mensch? Fünf. Aber manche sprechen doch auch von dem berühmten siebten Sinn. Und was ist dann der sechste Sinn? Sie sehen, so leicht ist nicht zu klären, wie viele Sinne wir nun eigentlich haben. Die moderne Forschung geht davon aus, dass wir von insgesamt 13 Sinnen geleitet werden. Dazu gehört auch die Selbstwahrnehmung (Propriozeption) oder das Temperatur- und Schmerzempfinden. Aber ist es letztlich entscheidend, unsere Sinne auf eine Zahl zu reduzieren?

Tatsache ist jedoch, dass wir durch und mit Augen, Nase, Mund, Ohren und Haut unsere Sinne entfalten können. Unsere Wahrnehmung, Orientierung und der Gleichgewichtssinn – eigentlich als sechster Sinn deklariert – hängen davon ab und bieten uns gleichzeitig Schutz.

Unsere Sinne sind Kommunikationsinstrumente, die uns eine Beziehung zu unserer Umwelt ermöglichen. Dabei sind alle Sinne miteinander verbunden, sie arbeiten in unserem Unterbewusstsein, ergänzen und unterstützen sich. Dabei beeinflussen sie unser Denken, Fühlen, Handeln und sind Gestalter unserer Lebenswelt.

Die Wahrnehmung verändert sich beim Sterben

Im Sterbeprozess verändern sich diese Sinne. Durch die Medikamente kann sich der Geruchs- und Geschmackssinn verändern oder völlig verschwinden. Menschen entwickeln eine Vorliebe für Nahrung, die sie vorher verabscheut haben, oder der Appetit bleibt aus. Doch auch der Geruchssinn wird im Sterbeprozess sensibler. Lieber verzichtet man auf Duftkerzen oder Räucherstäbchen, die sowieso schon sehr intensiv sind, außer es wird gewünscht. Am längsten bleibt jedoch der Gehörsinn erhalten. Komapatienten oder Sterbende, die viel schlafen, werden merklich ruhiger, wenn eine ihnen vertraute Person mit ihnen redet. Bestimmte Sinne treten dabei in den Vordergrund, wie der Gehörsinn, während andere langsam ihre Funktionen einstellen.

Ich sehe dich

Ich erinnere mich noch gut, als an diesem einen Nachmittag die Musiktherapeutin auf die Palli kam und alle Patient*innen dazu animierte, in den Flur zu kommen. Dort steht das Stationsklavier. Die Patient*innen kamen entweder zu Fuß, saßen im Rollstuhl, oder sie wurden liegend im Bett hergefahren. Darunter Brigitte, die sich ein buntes Tuch um den Kopf gewickelt hatte. Die Beine so dünn, dass sogar die Leggings schlabberten. Ihr Bauch hingegen so dick, dass man hätte meinen können, sie sei schwanger. Ich kannte Brigitte schon von einer früheren Begegnung. Wir hatten uns vor ihrer Chemotherapie kennengelernt – jetzt lag der Zeitpunkt weiter zurück. Alle Haare waren ihr ausgefallen: Wimpern, Augenbrauen, Kopfhaare – nichts mehr war übrig geblieben. Die extremen Wassereinlagerungen in ihrem Bauch machten ihr schwer zu schaffen. Unser erstes Treffen vor einiger Zeit war etwas mechanisch und verhalten gewesen. Jetzt strahlten ihre Augen hinter den Gläsern einer verdunkelten Brille, und es wirkte, als hätte sie ihre Steifheit abgelegt.

Eine kleine ältere Dame mit verstrubbelten Locken und einem rosa Bademantel schob sich langsam Richtung Klavier. Als sie Brigitte entdeckte, rief sie laut, ohne auf die anderen Anwesenden zu achten: »Was macht denn eine Schwangere auf der Palliativstation?« Die alte Dame war neben ihrer Krebserkrankung dement, deshalb konnte ihr niemand so recht böse sein. Aber trotzdem änderte das an der Härte ihrer Aussage nichts. Ich hielt kurz die Luft an, doch Brigitte nahm im Gegenteil die Situation mit Humor und schien irgendwie erleichtert, dass ihre körperlichen Veränderungen wahrgenommen und dabei akzeptiert wurden.

Das Hören bleibt

Wir saßen also alle zusammen: Patient*innen Angehörige, Freunde, Pflegekräfte und ich. Jede Person bekam ein anderes Instrument in die Hand gedrückt. Die Situation erinnerte mich stark an meine Grundschulzeit. Im Musikunterricht durften wir auch immer mit verschiedenen Rasseln, Triangeln oder Trommeln die Lieder begleiten. Erst musizierten wir zu verschiedenen Schlagern, da das mitmachende Publikum doch hauptsächlich aus älteren Menschen bestand. Die Dame im rosa Bademantel war tief in ihren Stuhl eingesunken und wippte wild mit ihren Beinen, die dabei in der Luft baumelten. Ihre Augen waren geschlossen. Einem Patienten, der in seinem Bett auf den Stationsflur geschoben wurde, musste eine Pflegekraft immer wieder die Tränen vom Gesicht tupfen.

Es ist zu spät für Berlin

Das Ohr ist das letzte Sinnesorgan, welches seine Funktion einstellt. Deshalb ist es so wichtig, auch mit sterbenden, komatösen oder geistig behinderten Menschen, von denen wir gar nicht mehr denken, dass sie uns hören können, zu reden.
Nach der kleinen Musizierstunde ging die Musiktherapeutin zu den Patienten, die körperlich oder auch psychisch nicht mehr in der Lage waren, an solchen Aktivitäten teilzunehmen. Mit einem CD-Rekorder in der Hand zogen wir los: Hubert war ein still vor sich hin leidender Mann, mit blondem, lichtem Haar und schmalen Lippen, die er nur kurz schürzte, wenn er etwas nicht mochte. Sein Zustand verschlechterte sich täglich, weswegen er nur noch in seinem Bett lag. »Wünschen Sie sich ein Lied?«, fragte ich vorsichtig. Seine Frau, die immer an seiner Seite war, beugte sich über ihn, und er flüsterte ihr seinen Lieblingstitel ins Ohr. »Berlin«, sagte sie, »von Nik P.«

»Es ist zu spät für Berlin
Wir wollten immer dahin
Wir haben's immer aufgeschoben
Doch Träume warten nicht auf dich
Es ist zu spät für Berlin«

Unerfüllte Träume, Wünsche und eine gemeinsame Zukunft, die in diesem Lied und wie auch so oft im Leben wie eine Seifenblase zerplatzen – ich war Zeugin, was dieses Lied auslöste: Schon bei der ersten Zeile fasste ihn seine Frau an der Hand. Sein stilles Weinen ging über in kurzatmige Schluchzer, die mir jedes Mal auch ein paar Tränen in die Augen trieben. Was blieb, nach dem letzten Ton, war ein Raum gefüllt mit Emotionen und einer fast schon erdrückenden Energie. Es ist unheimlich schwer zu beschreiben, was das für ein Gefühl ist, das einen so einnimmt. Es waren diese fünf Minuten, die so vieles für Hubert und seine Frau veränderten. Was auch immer sein Traum war – er hat es nie mit uns geteilt –, aber dieser Augenblick bleibt unvergessen.

Musik versetzt uns in einen anderen, nahezu tranceartigen Zustand. Dann fühlt es sich manchmal an, als würden wir durch die Zeit reisen. Darauf erfahren wir meist eine körperliche Reaktion: Gänsehaut an den Armen oder Tränen in den Augen. Vielleicht versteift sich unser ganzer Körper voller Schmerz, oder wir schreien vor Glück.

Wie so oft sind es die kleinen Dinge, die unser Leben ein kleines bisschen besser machen. Ein guter Song, ein nettes Lächeln eines Fremden oder Sonnenstrahlen, die unser Gesicht wärmen. Wir wissen darum und vergessen es doch.

Erinnerungen auf der Zunge

Erinnerungen an längst vergangene Zeiten können durch verschiedene Gerüche, Geschmacksrichtungen oder Fotos wieder wachgerufen werden. Es sind die alten Fotoalben, die ausgekramt werden, oder der Geruch von frisch gemachter Erdbeermarmelade, die unser Herz höherschlagen lassen. Es werden Geschichten erzählt, die längst vergessen schienen, man denkt zurück an die Zeit, an die man sich rückblickend immer anders erinnert, als man sie erlebt hat. Doch all diese Momente, gute wie schlechte, sind eingespeichert und bleiben unvergessen.

Die Bratwurst aus der Kindheit

Glücklicherweise gab es auf der Palli neben einer voll ausgestatteten Küche mit Herd, Backofen und Mikrowelle sogar einen Minigrill. Also optimale Voraussetzungen, meine Back- und Grillkünste unter Beweis zu stellen. Ich besorgte kleine Bratwürstchen, Brötchen und eine vegetarische Alternative. Bereits am Vortag hatte das Pflegeteam diese »Attraktion« unter den Patienten verbreitet. Langsam zog nun der Duft durch die Flure der Palliativstation, und gelegentlich öffneten sich zum Schnuppern ein paar Türen. Ab und an kamen einzelne Pflegekräfte vorbei und stibitzten sich eine Wurst. Für den perfekten Jahrmarkt-Flair fehlten jetzt nur noch Schießbuden und Zuckerwatte. Ich ging von Zimmer zu Zimmer und verteilte die kleine Version eines Bratwurstbrötchens.

Andrea, eine Patientin mit Brustkrebs, war so perplex, dass sie sich gleich noch eine zweite Bratwurst wünschte. »Eigentlich habe ich gar keinen Appetit mehr«, sagte sie und blickte dabei nur auf ihren Teller, »aber als Kind war es das Größte, wenn wir eine Bratwurst bekamen. Das war so selten wie außergewöhnlich.« Ich ging Nachschlag holen und ließ Andrea mit ihrer glücklichen Erinnerung erstmal allein.

Ein anderer Patient erzählte mir, dass er »direkt da auf dem Marktplatz neben der Bratwurstbude« seine Frau kennengelernt habe. Und eigentlich mag er keine Bratwurst, aber jetzt würde er doch eine nehmen. Es sind meist »die guten alten Zeiten« von denen gesprochen wird: die Erinnerungen, die guttun.

Geruchs- und Geschmackssinn liegen dabei eng beisammen. Denn gleichermaßen findet Berührung über Gerüche und Geschmäcke statt. Einerseits rümpfen wir die Nase, uns wird übel oder uns läuft schon beim bloßen Duft das »Wasser im Mund zusammen«, und wir bekommen Appetit. Alle diese Abläufe funktionieren automatisch, ohne dass wir etwas dafür tun müssen. Doch Sterbenskranke spüren Einschränkungen und den Kontrollverlust über den eigenen Körper. Physische und psychische Schmerzen, die dann mit Scham verbunden sein können über Prozesse, die Sterbenskranke nicht mehr steuern können.

Diese Sinne verschwinden zuerst

Meist verlieren Sterbenskranke zuerst ihren Geschmacks- und Geruchssinn. Selbst die Lieblingsspeise schmeckt dann nicht mehr. Für die Befriedigung menschlicher Bedürfnisse bedarf es nun einer individuellen Ausrichtung. Was wir einst für so selbstverständlich hielten, kann sich auch schnell ins Gegenteil umkehren: Schmerzfrei zu sein, ist keine Selbstverständlichkeit, genauso wenig das Gefühl zu haben, sich aufgrund der starken Medikamente permanent erbrechen zu müssen. Die Palliativmedizin verfolgt eine gute Schmerztherapie, und doch kann es ein bisschen dauern, bis die Patient*innen schmerzfrei eingestellt sind.

Was uns Berührungen geben

Die Haut ist unser größtes Organ. Tatsächlich besitzt die Haut als unser größtes Organ des menschlichen Körpers viele Funktionen. Nicht umsonst wird sie auch als »Spiegel der Seele« bezeichnet und besitzt Millionen von Berührungsrezeptoren. Wie wir uns und unsere Haut also in unserem Leben behandelt haben, zeichnet ein sehr deutliches Bild von uns ab. Verletzungen, Narben ... all das macht uns noch mehr zu diesem einzigartigen Individuum, welches wir eh schon sind. Manche tragen ihre Narben mit Stolz, manche versuchen, sie zu verstecken. Wir tragen diese Narben sichtbar auf unserer Haut, für uns und für die anderen. Letztendlich trägt auch jeder eine seelische Narbe in sich, die nur niemand sehen kann. Unsere Haut ist Schutz- und Aushängeschild zugleich.

Berührt werden

Warum aber sind Berührungen für uns Menschen so wichtig? Auf der einen Seite haben sie eine stressreduzierende und entspannende Wirkung. Aber auch nur dann, wenn wir diese als emotional angenehm bewerten. Niemand möchte gern von jemandem berührt werden, den er nicht leiden mag. Die Sympathie spielt bei dem Ganzen also eine wichtige Rolle. Noch deutlicher zeigt sich das bei fremden Menschen. Wir bleiben erst auf Distanz und scheuen jegliches Risiko. Unser aktuelles Gegenüber ist für uns nicht einschätzbar. Und so braucht es oft Zeit und Geduld, bis eine Vertrautheit zwischen zwei Menschen aufgebaut wird.

Aber was ist, wenn man keine Zeit mehr hat, über Wochen, Monate oder Jahre eine Beziehung aufzubauen? Auf der Palliativstation begegne ich Menschen, die an einem ganz entscheidenden Punkt in ihrem Leben stehen. Wir sind uns beide gleichermaßen fremd, das Einzige, was ich oft weiß, ist der Name, das Geburtsdatum und die jeweilige Erkrankung des Patienten. Oft liegen auch mehrere Generationen zwischen mir und meinem Gegenüber, und trotzdem sind diese Unterschiede nie Hindernisse für eine Begegnung von berührender Tiefe.

Geschenke, die berühren

Der Tag vor Weihnachten, an dem sich die Menschen durch die Geschäfte kämpfen, Unsummen in die teuersten Geschenke stecken und nach einer endlosen Shoppingtour sich noch einen letzten Glühwein gönnen, um sich dann leicht angeheitert auf den Heimweg zu machen. Für viele ein reines Vergnügen – für mich ein Grund, solche Orte zu meiden.

Der Tag vor Weihnachten, an dem alle zehn Betten der Palliativstation belegt waren. Und ich vergnügte mich mit den zehn kleinen Geschenken, die ich für die Menschen vorbereitet hatte: ein kleines Tütchen selbstgebackener Plätzchen und ein Fläschchen Körpercreme. Ich besuchte zehn Menschen, die sich sehr freuten. Aber eigentlich kann ich mich dabei nur noch an einen Menschen erinnern: Tomasz war ein bärtiger Mann, zwischen 50 und 60 Jahren. Als sich unsere Blicke kreuzten, dachte ich spontan an Rübezahl, und seither erzähle ich ab und an von ihm. Durch den wachsenden Tumor konnte er nicht mehr sprechen und verständigte sich durch wilde Gestik und intensiven Augenkontakt. Die Geschenke noch in meinen Händen setzte ich mich an sein Bett und erzählte, was ich ihm mitgebracht hatte. Er lag ruhig da und schaute mich an. Auf einmal streckte er seinen Arm aus und schaute auf die Cremeflasche. »Soll ich Sie eincremen?«, fragte ich, und er nickte fast unmerklich mit seinem Kopf. Die eigentliche Zustimmung lag dabei in seinen Augen.

Die Haut an seinen Armen hing schlaff am Knochen herunter. Muskeln hatten sich abgebaut. Mit jeder streichenden Bewegung in die eine oder andere Richtung schob sich die in Falten gelegte Haut jedes Mal ein bisschen mehr mit. Die Haut war an manchen Stellen dunkel verfärbt. Narben und blaue Flecken sprenkelten seinen Unterarm. Ich gab ein wenig Creme in meine Handfläche und verrieb sie mit beiden Händen. Als meine kalten Hände seine umschlossen, schloss Rübezahl die Augen. Ich massierte leicht seine Innenflächen und beobachtete aufmerksam die Linien, die mal sanft in die andere flossen oder einfach aufhörten. Dann umfasste ich sein Handgelenk und den Unterarm und wanderte in kreisenden Bewegungen hinauf und hinunter.

Ich stand einfach nur da, massierte die Creme in die Haut von Tomasz ein, der nach wie vor seine Augen geschlossen hielt.

Rübezahl ist mir vor fünf Jahren begegnet und hat mir gezeigt, wie wertvoll Berührungen sein können. Bei Fremden. Bei Sterbenden. Und auch bei Toten.

Der Tod ist nicht übertragbar

Berührungen lösen eine regelrechte Kettenreaktion aus. Bei wohltuenden Berührungen wird das Glückshormon Oxytocin ausgeschüttet, welches eine schmerzlindernde und stärkende Wirkung des Immunsystems zur Folge hat. Und selbst Menschen, deren Bewusstsein bereits eingetrübt ist, spüren es, wenn ihnen jemand über den Arm streicht oder einen Kuss auf die Wange drückt.

Dabei hat es nichts Befremdliches, einen sterbenden oder toten Menschen zu berühren. Es ist wohl allein unserem Verdrängungsmechanismus geschuldet, den Verstorbenen angstvoll und unsicher gegenüberzutreten. Der Tod ist uns dann auf einmal so nah. Er liegt uns direkt gegenüber, oder wir sehen die Lebenskraft in dem Menschen schwinden, der einstmals so fit und voller Tatendrang war.

Vielleicht ist es die Angst, der Tod könnte durch die alleinige Berührung nun auch »mich« überfallen und sich ausbreiten. Glücklicherweise ist dem nicht so. Der Tod ist etwas Normales. Doch meist kommt erst durch die Berührung, das Anfassen die Information in unserem Gehirn an: Dieser Mensch ist jetzt wirklich tot. Damit wird der Tod durch und mit unseren Sinnen begreifbar.

Mit den Füßen sprechen

Was können wir also konkret tun, um die Lebensqualität durch Berührungen zu verbessern? Vor allem bei Krebsbehandlungen können Massagen Linderung verschaffen und Nebeneffekte von Chemo- und Strahlentherapie lindern. Es kann zu einem Abbau von Depressionen oder Ängsten führen und bei Schlafstörungen eine positive Wirkung erzielen. Allein die bloße Berührung bringt aber weniger den »gewünschten Effekt«. Vielmehr schafft die Verbindung von Haut und Gefühlen die eigentlichen Resultate.

Als ich zusammen mit der Physiotherapeutin Anna den Palliativpatienten Ludwig zurück in sein Bett half, musste er sehr schwer atmen. Allein die kleinsten Anstrengungen ermüdeten ihn, und er brauchte immer mehr Zeit, sich von solchen »Strapazen« zu erholen. Wir deckten ihn zu, routiniert schlug Anna die Bettdecke am unteren Ende zurück, zog Ludwig die Socken aus und fing an, mit langsamen, kreisenden Bewegungen seine Füße zu massieren. Wenn ich es nicht mit eigenen Augen erlebt hätte, würde ich es selbst nicht glauben, aber innerhalb von ein paar Sekunden schnarchte Ludwig leise und zufrieden mit ein paar kleinen Schmatzern vor sich hin.

Meist wird bei physiotherapeutischen Behandlungen der Wunsch nach einer Massage, am liebsten an den Füßen, geäußert, sagte mir Anna. Denn besonders diese Massagen beruhigen die meisten Sterbenden. Manchmal langt es, nur den Fuß zu berühren, und der Patient schläft sofort ein. Man muss kein ausgebildeter Fußmasseur sein, um sanfte, einfache Bewegungen durchzuführen. Vor allem den Menschen, die aufgrund von Übelkeit und Schmerzen starke Schlafprobleme haben, kann eine Fußmassage enorm helfen. Auch diese Fußmassage ist eine Form der Kommunikation. Denn wir kommunizieren nicht nur über unsere Sprache, sondern mit jeder Faser unseres Körpers.

Sinne machen Kommunikation erst möglich

Kommunikation. Was ist das eigentlich? Für uns ist dies im normalen Alltag so selbstverständlich, dass wir diesen wertvollen Bestandteil unseres Lebens gar nicht zu hinterfragen brauchen. Kommunizieren können wir auf vielen verschiedenen Ebenen. Unsere Sinne funktionieren auch ohne Kommunikation, aber Kommunikation nicht ohne sie.

Eigentlich ist es fast wie eine Formel. All unsere Sinne führen immer zu einer Art von Kommunikation. Das stimmt, denn egal wie: »Wir können nicht nicht kommunizieren«, sagte schon Paul Watzlawick, einer der bekanntesten Kommunikationswissenschaftler. Wie spricht man aber mit Sterbenden über das Sterben? Für viele Ärzte oder Pflegekräfte ist das Sterben zu einer reinen Routine geworden. Aber Sterbende sterben doch immer zum ersten Mal.

Was nach dem Tod sein könnte

An diesem Freitag, einem von der besonders stressigen Sorte, hatte ich nicht mal mehr die Zeit gehabt, etwas für die Palli vorzubereiten. Sonst bringe ich immer Blumen, Plätzchen oder irgendwas zum Basteln mit. Heute war ich also »einfach nur« da. Die meisten Patienten waren im Krankenhaus zu Therapien unterwegs. Und obwohl es auf der Station so ruhig war, wirkten die Mitarbeiter*innen seltsam nervös. »Zu Herrn Beckers kannst du gehen«, sagte man mir. »Der kann zwar jeden Moment für eine Operation abgeholt werden, aber schau doch mal zu ihm.«

Ich klopfte, streckte meinen Kopf durch den Türspalt und blickte in das erschrockene Gesicht von Johann Beckers. Unser Gespräch entwickelte sich erst schleppend, immer mit Blick auf die Uhr. Johann hatte Hunger. Es war schon kurz nach 12 Uhr, und seit dem gestrigen Abend hatte er nichts mehr gegessen. »Auf niemanden kann man sich verlassen«, schimpfte er immer wieder. »Stattdessen warte ich hier und darf nur kleine Schlucke Wasser trinken.« Ich nickte. In den eineinhalb Stunden, die ich bei ihm war, kamen abwechselnd Ärzte und Pflegekräfte herein, um ihm etwas »gegen die Aufregung« zu geben oder ihn mit der Aussage »Es tut mir leid, dass es noch dauert'« zu besänftigen. Wortlos nahm er alles entgegen. Ich blieb ungefähr mit einem Meter Abstand zu seinem Bett auf dem Stuhl einfach weiter sitzen und beobachtete die Situation.

Johann war LKW-Fahrer. Er hatte diesen Job gehasst. Nur selten war er zu Hause gewesen, musste die Nacht oft auf Rastplätzen verbringen. »Oft war alles vollgepisst, und es stank entsetzlich.« Er erzählte, als erlebte er diese Zeit gerade zum zweiten Mal. »Jetzt liege ich hier, und all das, was vorher war, ist egal.«

»Haben Sie Angst?«, fragte ich ihn.

»Wovor?«, entgegnete er mir. »Ich will jetzt noch nicht sterben, aber wer weiß, was danach kommt. Ich glaube an keinen Gott, aber irgendwas wird schon sein.«

Auch wenn es ihm merklich schwerfiel, darüber zu reden, so hatten wir ein gemeinsames Thema gefunden, worüber wir sprechen konnten: was nach dem Tod sein könnte und ob es sowas wie

Nahtoderfahrungen wirklich gibt. Jedes einzelne Wort kam angestrengt und schmerzhaft über seine Lippen, aber sein Sprachfluss verebbte nicht, und so saß ich da, zurückgelehnt mit überschlagenen Beinen, und hörte ihm zu.

Irgendwann klopfte es zaghaft an der Tür. Johann wurde abgeholt, er atmete erleichtert auf. »Alles Gute, Herr Beckers«, sagte ich und drehte mich noch einmal um, bevor ich aus seinem Zimmer verschwand, »ich glaube, wir sehen uns noch.«

Schweigen, um die Angehörigen zu schützen

Nach meinem Besuch bei Johann erfuhr ich von der Pflegeleitung, dass er sich sehr schweigsam, in sich gekehrt und unnahbar verhielt. Heute sei es besonders schlimm. Dass ich so lange bei ihm war, verwunderte, aber noch mehr, dass er mit mir über den Tod und dann auch noch seinen eigenen geredet hatte.

»Zuhören ist keine Technik. Zuhören ist eine Art des Daseins«, sagte der Psychologe Otto Marmet. Denn wirkliches Zuhören bedeutet aktiv zuhören. Demnach hat die eigene Geschichte – auch wenn es tröstend gemeint ist – keinen Platz im Gespräch mit Sterbenskranken. Wer von sich selbst erzählt, kann dem Gegenüber gar nicht zuhören. Nach der personenzentrierten Gesprächstherapie von Carl Rogers nimmt der Zuhörende die Emotionen und Worte auf, um sie in seinen eigenen Worten wiederzugeben. Das kann allerdings nur in einem wertschätzenden und emotionalen Kontext geschehen.

Eine Woche später lag Johann akut im Sterben. Seine Ehefrau hielt seine Hand, die Mutter saß am Fußende. Er wachte nicht mehr auf und schlief die ganze Zeit. »Er hat so vieles immer für sich behalten, nie viel geredet, und jetzt geht er einfach. Dabei wollten wir noch über so viel reden.« Die ältere Dame hatte Tränen in den Augen. Ich stellte die mitgebrachten Plätzchen, denn es war kurz vor Weihnachten, auf den Tisch und blickte den sterbenden Johann an, wie er mit jedem Ausatmen ein wenig tiefer in die Kissen zu sinken schien. »Letzte Woche habe ich mit Ihrem Sohn viel über den Tod und sein Leben geredet. Manchmal ist es vielleicht einfacher, mit Fremden darüber zu reden. Das hat oft etwas Entlastendes für die Menschen.« Und auf einmal hatte der Blick der beiden Frauen etwas ganz Befreites. Johann starb am Tag vor Weihnachten.

Des Öfteren habe ich schon erlebt, dass es der Sterbende selbst ist, der seinen nahestehenden Menschen einen Schutzraum bietet und »stark« ist im Angesicht des Todes. Besonders auffällig ist das bei Kindern, die ihre Familie schützen und Mama und Papa keine Sorgen bereiten möchten. Das alles tun sie aus purer Liebe.

In solchen Ausnahmesituationen bemerke ich immer wieder, welch große Stärke es ist, eine Fremde zu sein. Den Sterbenden erst an einem existenziell einschneidenden Lebenspunkt kennenzulernen, bringt den Vorteil mit sich, nichts über die Biografie zu wissen, und hilft mir zusätzlich dabei, den Menschen werte- und vorurteilsfrei zu begegnen.

Gemeinsam schweigen ist auch ein Austausch

Klaus war erst vor ein paar Stunden von der Onkologie auf die Palliativstation verlegt worden. In seinen besten Zeiten rauchte er 50 Zigaretten am Tag. Das sind knapp zweieinhalb Schachteln. Zum Frühstück gab es Kaffee und Zigaretten. »Mich hat die Diagnose nicht erstaunt«, sagte Klaus zu mir.

Er saß im T-Shirt auf seinem Bett. Die dünnen Beine an den Körper gezogen. An seinem rechten Arm baumelte ein Venenkatheter.

Die Arme so mager, dass ich sogar den kleinen Plastikschlauch in seiner Vene erkennen konnte. In dem kurzen Schlauch hatte sich etwas Blut angestaut. Er drückte daran herum.

Klaus war ein Weltenbummler, aber eher aus Versehen. Er unterrichtete Wirtschaft an verschiedenen Schulen. Auf seinen Reisen hat er viel fotografiert. »Ich habe immer versucht, etwas anderes in dem Foto zu sehen, als es zeigt. Man schaut sich zum Beispiel ein Porträt an und denkt sich: Ich kenne diesen Menschen. So ist das auch mit meiner Kunst, aber ich habe meine Bilder nie gezeigt. Ich habe das nur für mich gemacht.« Wir schwiegen, aber Klaus tat sich schwer, die Stille auszuhalten.

Ich platzte heraus, dass ja viele Künstler erst nach ihrem Tod berühmt geworden seien. Er schnappte kurz nach Luft, und ich erschrak über meine unüberlegte Aussage. Hatte ich ihn damit verletzt und vielleicht sogar den Zugang zu ihm verloren? Doch Klaus fing an zu lachen. Er schnäuzte sich seine Nase und gluckste weiter vor sich hin.

»Es erstaunt mich, dass ich hier mit Ihnen ohne irgendwelche Atembeschwerden reden kann. Das tut mir richtig gut. Wie machen Sie das?« Ich lächelte und zuckte mit den Schultern.

Nach einer Stunde war Klaus erschöpft. »Kommen Sie wieder, oder muss man Sie buchen?«, fragte er mich. »Vielleicht sehen wir uns nächsten Freitag wieder«, sagte ich lächelnd, schob den Stuhl zurück und spürte noch so lange seinen Blick auf mir, bis ich die Tür hinter mir geschlossen hatte.

Wir kommunizieren über und mit unserem ganzen Körper. In jeder Millisekunde nimmt unser Körper unzählige Dinge wahr, die uns helfen, das Geschehene zu verarbeiten und zu kategorisieren. Deswegen ist es beinahe unmöglich, in einem Kapitel über unsere Sinne alles abzudecken, weil diese Sinneszustände ja fließend sind. So gern wir auch eine Struktur für alles haben, um uns daran zu orientieren, es funktioniert einfach nicht. Nicht im Leben, nicht beim Sterben, nicht in der Trauer.

Auch die Familie braucht Kommunikation

Das war eines der letzten angeregten Gespräche, die mit Klaus möglich waren. Wenn der Sterbeprozess voranschreitet, verlagert sich die Kommunikation, die sonst so viel über die Sprache stattgefunden hat, hin zu unseren anderen Sinnen, die dann in den Vordergrund treten. Menschen mit einer Erkrankung werden oft zum Objekt, man nennt sie nicht mehr beim Namen, sondern nur noch »der Lungenkrebs auf Zimmer 12«. Und auch diese Art und Weise der Kommunikation spiegelt sich in der Beziehung zueinander wider. Jedoch nicht unbedingt im Positiven.

Sterbebegleitung benötigt auch immer die Begleitung von Zugehörigen, denn wie bei dem Grundgedanken von Palliative Care werden nicht nur Patient*innen, sondern das gesamte Umfeld eingebunden und multidisziplinär betreut. Wenn ich ein Kind begleite, bin ich automatisch in das Familiensystem eingeschlossen. Auch auf der Palli führe ich dann oft weitere Gespräche mit Freund*innen, Bekannten oder der Familie.

Eine Cola als Brücke

Es war ein Freitag wie jeder andere und bereits früher Abend. In der Stationsküche lagen noch ein paar Überbleibsel von meiner kleinen Backaktion, die ich gerade noch zusammenpacken wollte. Es war ganz ruhig auf der Station, und ich hatte das Gefühl, mit den letzten Sonnenstrahlen waren auch die Patient*innen müde geworden. Irene war heute im Dienst, und ohne meine Anwesenheit zu beachten, holte sie sich ein Glas Wasser und lehnte ihren Kopf mit einem lauten Seufzer an die Tür. Ihre Stirn lag in Falten, die Augen hatte sie geschlossen. Eine Patientin war in diesem Moment gestorben, deren Tochter saß ganz aufgewühlt nebenan in einem Zimmer. »Alle zehn Betten sind belegt. Ich komme kaum hinterher. Und ich erreiche einfach keinen der beiden Seelsorgerinnen für die Tochter«, sagte sie.

Ich schnappte mir eine Cola, die wir neben Wein, Bier und Capri Sonne immer im Kühlschrank vorrätig haben, und ging den Flur entlang zu der Frau, die gerade ihre Mutter verloren hatte. Das war die einzige Information, die ich hatte. Als ich die Türe öffnete, saß mir eine junge Frau in meinem Alter gegenüber. Astrid hatte sich am oberen Ende des Bettes in Decken eingemummelt, die Beine an den Bauch gezogen, mit ihren Armen umschlungen und starrte an die weiße Wand. Sie schaute kurz auf, als ich eintrat, um so schnell wie möglich wieder ihren Blick zu senken. Die Tränen zwar getrocknet, die Schminke verlaufen. Ich blieb so lange in der geschlossenen Tür stehen, bis ich das Gefühl hatte, mich ihr nähern zu können.

Die Cola, die ich ihr wortlos entgegenstreckte, nahm sie dankend an. Ich setzte mich an das andere Ende ihres Bettes und wartete, schaute dabei auf den gleichen Punkt an der weißen Wand. So saßen wir eine ganze Weile und waren zusammen ein bisschen weniger allein. »Sie wusste, dass dieser Aufenthalt der letzte für sie sein wird!«, sagte die junge Frau plötzlich, und Tränen schossen ihr wieder in die Augen. An diesem Abend, in dem kleinen Zimmer auf der Palliativstation tauschten zwei junge Frauen Geschichten aus: von den Schwierigkeiten des Erwachsenwerdens, von Leben und Tod und von der tiefen Liebe zu Menschen, von denen man sich irgendwann verabschieden muss.

Astrid und ich verließen gemeinsam die Palliativstation. Ich glaube, es war gut, dass wir zusammen gingen. Es war bereits dunkel, und die Lichter der Autos reflektierten sich im Licht der Stadt. Astrid nahm mich noch ein Stück in ihrem Auto mit, und als ich ausstieg, begriff ich erst, was für ein außergewöhnlicher Tag das war. Als ich durch die Straßen ging, Menschen mit leeren müden Blicken an mir vorbeihetzten oder sich rücksichtslos aneinander vorbeischlängelten, wurde mir wieder klar, wie weit diese zwei Welten eigentlich voneinander entfernt liegen.

Bin ich noch schön?

»Spieglein, Spieglein an der Wand, wer ist die Schönste im ganzen Land?« Die Worte der bösen Stiefmutter in ihren Zauberspiegel gesprochen sind vielleicht nicht nur wegen des schönen Reims fest in unseren Köpfen verankert. Das Märchen »Schneewittchen« wirft so manche Fragen über Beziehungen, Geschlecht und natürlich nach der Hoffnung auf ewige Schönheit auf. Dass andere Menschen schöner sein könnten als sie selbst, und noch dazu die eigene Stieftochter, will die böse Königin nicht akzeptieren.

Passen Schönheit und Sterben zusammen?

Die Beschäftigung mit dem eigenen Körper bestimmt uns von der Kindheit an bis ins hohe Erwachsenenalter. Der Körper gibt uns eine Identität, die wir selbst gestalten können, um dabei die Aufmerksamkeit zu erlangen, die wir als Kind vielleicht nie bekommen haben. Susie Orbach beschreibt in ihrem Buch »Bodies«, dass die

Art der Berührung, die wir als kleines Kind von der Mutter erhalten haben, entscheidend ist für die Entwicklung unseres eigenen Körpergefühls. Dabei ist es wichtig zu wissen, dass jeder Aspekt unseres Körpergefühls etwas mit der eigenen Körperlichkeit der Mutter zu tun hat. Sprich: Wie wohl oder unwohl fühlt sich unsere Mutter in ihrem Körper und welche Verhaltensweisen und Gedanken gibt sie damit an uns weiter?

Doch diese ganzen westlichen Zuschreibungen fallen weg und werden auf einmal nebensächlich, wenn der Körper, den man bewohnt, im Sterben liegt. Passt Schönheit und Sterben da überhaupt noch zusammen?

Anneliese, eine feine Dame

Anneliese war eine alte Dame und todkrank. Sie war so schwach, dass sie das Bett nicht mehr verlassen konnte und für alles Unterstützung brauchte. Aber sie tat sich schwer damit, Hilfe anzunehmen, diese überhaupt einzufordern, bedurfte einer großen Anstrengung, denn sie sprach nicht gerne über ihre Bedürfnisse. Sie konnte noch reden, aber nur das Nötigste. Als ich ihre Zimmertür auf der Palli öffnete, wehte mir eine leichte Brise ins Gesicht. Ein Hauch von Frühling vermischt mit einer leichten Parfümnote lag in der Luft. Ich schloss kurz die Augen, nur um den süßlichen Duft aufzusaugen. Im nächsten Augenblick öffnete ich sie wieder und wendete mich Anneliese zu, die schweigend im Bett lag und an die Wand starrte.

Ich hatte mich bereits gefragt, woher der orientalisch-würzige Duft kam, jetzt war es mir klar. Auf dem kleinen Nachttisch lagen zwei Make-up-Paletten, unzählige Rouge- und Puderdöschen sowie eine kleine Sammlung an verschiedenen Lippenstiften und

Lockenwicklern. Ein zartrosa schimmernder Parfüm-Flakon daneben. Anneliese war eine Frau, die gern Frau war. Im ganz klassischen Sinne. Sie liebte es, sich zurechtzumachen. Nie ging sie aus dem Haus, ohne perfekt auszusehen. Alle wohlbekannten Designermarken zierten die Kosmetiktöpfchen, und auch der lilafarbene Morgenmantel an ihrem Kleiderschrank war aus leichter Seide mit eingestickten Initialen. Anneliese musste mal eine feine Dame gewesen sein. »Ich glaube, das habe ich mir selbst immer abverlangt«, wisperte sie. »Aber ich hatte das Gefühl, auch alle anderen erwarten das von mir.«

Unser Körper verändert sich ein Leben lang. Eigentlich ein Abenteuer. Kein Körper ist wie der andere, und trotzdem wollen wir lieber den Durchschnitt als das auffallend Extreme. Körperideale wurden über Jahrhunderte von gesellschaftlichen Veränderungen geprägt und der Reichtum an der Körperfülle gemessen. Mager und zerbrechlich wirkende Menschen standen lange für Krankheit und Tod. Dickere Menschen verkörperten eher Luxus und Wohlstand.

Damit niemand die Schwäche sieht

In einer Zeit, in der wir alles und jederzeit konsumieren können, haben sich die Sichtweisen vertauscht: Wer nun zu viel »auf den Rippen hat«, gilt als unkontrolliert und faul. Diejenigen, die schlank und durchtrainiert sind, haben nicht nur beruflichen Erfolg, sondern gelten als diszipliniert und passen damit gut in unser Gesellschaftsbild. Es ist nicht ausreichend, auf einer rein intellektuellen Ebene zu glänzen; der Astralkörper gehört mit in das Gesamtpaket und ist Ausdruck unseres erfolgreichen Lebens und damit eines westlichen Schönheitsideals, welches durch Gesundheit, Fitness, Schlankheit und Jugendlichkeit definiert ist.

Unser Körper ist zu einem Produkt geworden, den es zu formen und zu verändern gilt. »Beautification« nennt die Soziologin Nina Degele diese Art der Verschönerung. Unser Körper wird dabei immer stärker als Objekt erlebt. Schon als Kinder haben wir das große Bedürfnis nach Zugehörigkeit in der Familie. Wenn wir älter werden, ist der Körper Mittel und Sprachmedium zugleich, um in unserer heutigen Welt dazuzugehören.

Anneliese war jetzt schon eine Woche auf der Palliativstation, und langsam konnte man den grau nachwachsenden Haaransatz erspähen, der ihr große Sorgen bereitete. Ihr Haar war »so schwarz wie Ebenholz«, und ihre Lippen schminkte sie sich »so rot wie Blut«, ein bisschen wie Schneewittchen. Der helle Grauton hob sich extrem von ihren schwarz gefärbten Haaren ab. Das machte Anneliese ganz panisch. Ihre Haare waren toupiert und als lockerer Knoten hochgebunden, was ihren grauen Ansatz noch deutlicher betonte. »Möchten Sie mir die Haare färben?«, fragte sie, und ich konnte ihre Verzweiflung förmlich spüren.

Durch ihre Erkrankung hatte Anneliese stark abgenommen. Ihr Gesicht war eingefallen, die Augen lagen tief in den Höhlen, und ihre Nase wirkte zu groß und spitz für ihren kleinen zarten Kopf. Schon lange konnte sich Anneliese nicht mehr schminken. Als sie noch daheim gelebt hatte, wollte sie deshalb keinen Besuch mehr bekommen. Auf der Palli durfte ihre Familie erst das Zimmer betreten, wenn eine Pflegekraft sie ordentlich zurechtgemacht hatte. Niemand sollte sehen, wie schlecht sie aussah – sprich, wie es wirklich um sie stand.

Ihr gesamtes Gesicht war mit einer ebenmäßigen, aber dennoch sehr dicken Schicht Make-up abgedeckt. Nur noch ihr blasser, faltiger Hals ließ etwas über ihre tatsächliche Hautfarbe vermuten. Auf ihren Wangen glänzte das Rouge in einem eigenartigen Rosarot, und auch die dick mit Eyeliner und Lidschatten umrandeten Augen wirkten auf mich eher angsteinflößend als schön. Aber da Schönheit ja bekanntlich im Auge des Betrachters liegt, konnte ich nichts Gegenteiliges behaupten. Anneliese gelang es, durch die selbstgeschaffene Maske ein Stück Normalität zu erhalten und sich vor äußeren Einflüssen zu schützen, um sich nicht angreifbar zu machen. Sozusagen war das ihr persönliches Schutzschild.

Im Stationszimmer erzählte mir eine Pflegekraft, wieviel Freude es ihr bereite, Anneliese jeden Tag zu schminken und die Haare zu frisieren. »Dabei wird sie richtig munter, gibt Anweisungen und Schminktipps, und wir lassen uns ganz viel Zeit für ihre Schönheitspflege.« Ich grinste und blickte dabei gedankenverloren aus dem Fenster, dachte an die alte Dame und daran, wie sie sich wohl gerade fühlte.

Eine Woche später wuselte die ganze Familie um Anneliese herum, während sie nur still im Bett lag und das rege Treiben um sich herum beobachtete. Die Lippen waren heute noch röter, das Rouge noch dicker aufgetragen und zusätzlich ihre Fingernägel Honigbraun lackiert. Immer wieder schloss sie für kurze Momente die Augen, um sich zu sammeln. Das geschäftige Treiben strengte sie an, doch sie verlor kein Wort darüber.

Ein paar Tage später verstarb Anneliese. Sie wurde in ihrem seidenen Morgenmantel, mit frisch gefärbten schwarzen Haaren, roten Lippen und einer Extraportion Rouge auf den Wangen beerdigt. So wie sie es sich zu Lebzeiten gewünscht hatte!

Schönheit ist Ansichtssache

Sterbenskranke Menschen leiden oft unter dem Verlust ihrer Attraktivität, verweigern jeglichen Besuch, denn sie möchten nicht, dass man sie in so einem Zustand sieht. Offene Wunden, Abszesse und Geschwüre rufen ein Schamgefühl bei Sterbenden hervor und gleichzeitig die Sorge, wie Familie und Freunde mit solchen übelriechenden Wunden umgehen. Sterbende möchten ernst genommen werden und in dem Gefühl, kompetent, wertvoll, attraktiv zu sein, bestärkt werden. Doch das steht in einem inneren Konflikt, wenn die Attraktivität beispielsweise durch Tumorwachstum leidet. So auch bei Anneliese die sich durch ihren täglichen Schönheitsmarathon kämpfte, um die Aufmerksamkeit und Anerkennung ihrer Familie zu bekommen. Vielleicht wäre es hilfreicher gewesen, ganz offen über die aktuelle Situation zu sprechen, doch dafür müssen beide Seiten offen sein, und Anneliese wehrte sich ganz eindeutig dagegen. Für sie gehörte es einfach dazu, perfekt und schön zu sein und das vor allem im Sterben.

Mittlerweile gibt es spezielle Angebote für krebskranke Frauen, professionell geschminkt und fotografiert zu werden. Einerseits um sich nochmal richtig gesund und schön zu fühlen, andererseits aber auch um genau in diesem festgehaltenen Glücksmoment erinnert zu werden.

Was wir schön und attraktiv finden, wird von der Welt um uns herum beeinflusst. Die Bilderflut aus Magazinen, Artikeln, Videos und Social Media ist gewaltig – was unser Gehirn dabei an Eindrücken verarbeitet noch viel gewaltiger. Durch die sozialen Medien werden Werte und Normen vermittelt, wie der Körper zu sein hat. Eigentlich ein »Fake Life«, denn niemand läuft sieben Tage die Woche, rund um die Uhr freudestrahlend mit den teuersten Klamotten durch die Gegend und hat ganz nebenbei einen perfekten Körper.

Es ist mehr Schein als Sein, mehr Außendarstellung als innere Balance, dafür bieten Instagram und Co. die perfekte Welt. »Erstaunlich, dass der Mensch nur hinter seiner Maske ganz er selbst ist«, sagte der Schriftsteller Edgar Allan Poe, und damit kann man sich durchaus auf die aktuelle Entwicklung beziehen.

Schön sterben

Kerstin Palm, Professorin für Gender und Science, definiert hierzu drei Thesen von Attraktivität: als ersten Punkt die Durchschnittlichkeit, das heißt, dass Durchschnittsgesichter als attraktiver wahrgenommen werden als Einzelgesichter. Zweitens die Proportionalität, also das Verhältnis der einzelnen Körperteile zueinander, und abschließend die bevorzugte Attraktivität von symmetrischen Gesichtszügen und Körper gegenüber asymmetrischen.
Aber wenn diesen Ansprüchen noch nicht mal die Lebenden gerecht werden können, wie sollen es dann die Sterbenden tun? Schönheit und Sterben sind eben zwei Bereiche, die nicht so recht zusammenpassen wollen. Oder etwa doch?

Kinder und Schönheit

Uns schön zu machen, um uns selbst, aber vor allem um anderen zu gefallen, ist wichtig. Das hatte ich schon bei Sarah bemerkt, dem Mädchen, das an Kinderdemenz erkrankt ist. Sarahs tatsächliches Alter entspricht der einer Fünfjährigen. Geist und Körper entwickeln sich nicht miteinander, sondern laufen gegenläufig. Der Körper entwickelt sich weiter, während der Geist stehenbleibt bzw. rückwärts geht.

Schönheitsideal Prinzessin

Während sich andere Mädchen in dem Alter von dreizehn Jahren bereits mit Mascara, Eyeliner und Lipgloss schminken, holte Sarah immer wieder ihr Prinzessinnen-Schminkset hervor. »So bin ich viel schöner«, sagte sie, wenn ich ihr Lippenstift und Lidschatten aufgetragen und die Haare zu einem langen Zopf geflochten hatte. »Jetzt bin ich eine richtig schöne Prinzessin!« Mich stimmte das traurig. Denn einerseits bereitete es Sarah so viel Freude, geschminkt zu werden, aber andererseits wollte sie sich verschönern und dabei ein anderer, ein schönerer Mensch sein. Dass Sarah das so klar für sich artikulieren und reflektieren konnte, beschäftigte mich lange.

Nicht nur Erwachsene bekommen in Werbung, Fernsehen und den sozialen Medien stereotypische Körperideale vorgelebt, bereits in Kindersendungen sind die Hauptfiguren mit großen Augen, vollen roten Lippen und einer Sanduhrfigur ausgestattet. Mit dieser Sicht auf den Körper wachsen bereits kleine Kinder auf und tragen das mitunter ihr Leben lang mit sich herum, manchmal sogar bis an ihr Sterbebett.

Auf dem Sterbebett gibt es keine Verbote mehr

Als ich Elisabeth in ihrem Zimmer begegnete, nippte sie gerade an einer Tasse heißem Kakao. Neben ihr stapelten sich ein paar Tafeln Zartbitterschokolade. Erschrocken sah sie mich an, als hätte ich sie bei einer schrecklichen Tat ertappt. »Ich liebe Schokolade einfach«, seufzte sie, »ich habe es schon immer geliebt.« Jeden Tag bekam Elisabeth nun auf der Palli ihre heiße Schokolade und ernährte sich praktisch von nichts anderem mehr. »Mein Mann hat mir vorhin eine Banane mitgebracht. Wegen der Vitamine, meinte er, aber ich möchte nicht mehr auf gesunde und ungesunde Kalorien achten. Das habe ich mein Leben lang gemacht, mir alles verboten, um die kleinsten Kleidergrößen tragen zu können. Wenn ich nochmal jung wäre, würde ich mich nicht mehr so exzessiv verhalten. Wofür die ganzen Verbote?«

Schönheit oder worum es im Leben wirklich geht

Unser Lebensprojekt ist der Körper. Nicht die ›Kleider machen Leute«, es braucht erstmal den Körper, um ihn mit Klamotten »schmücken« zu können. Viele Menschen strampeln sich mit diversen Fitnessprogrammen ab, ernähren sich super gesund, um ein Ziel zu erreichen, mit dem man doch selbst nie zufrieden ist. Denn das ist doch letztlich der ganze Teufelskreislauf.

Vor allem Frauen haben diesen Schönheitsgedanken praktisch »in die Wiege gelegt« bekommen. Studien belegen, dass Mädchen kürzer gestillt, berührt und geschmust werden als Jungen. Das impliziert natürlich, dass Mädchen schon mit der Muttermilch mitgeteilt bekommen: Iss nicht so viel, sonst wirst du zu dick! Die Industrie setzt dem Ganzen dann noch eins drauf, und schon haben wir den Salat – alles andere hätte ja auch zu viele Kalorien.

Seit ich Sterbende begleite, erscheinen mir auch die materiellen Dinge buchstäblich in einem ganz anderen Licht. Ich lege keinen Wert mehr darauf, ich brauche nicht viel. Eigentlich brauchen wir generell nicht viel. Liv Strömquist, eine schwedische feministische Comiczeichnerin, bringt es mit folgenden Worten ziemlich auf den Punkt:»Nur weil man selbst das Gefühl hat, dass Konsum das Einzige ist, bei dem man sich irgendwie lebendig fühlt oder gut, das Einzige, was einem ein Gefühl gibt, das irgendwie an Freude erinnert oder ... WHATEVER.« Genau, whatever!

Der Körper, ein gesellschaftliches Kriegsgebiet

Gertrud bekam das Zimmer mit dem Balkon. Das war gut, denn sie liebte ihre morgendliche Zigarette. Als vor elf Jahren ihr Krankenhausmarathon anfing, hatte sie immer die Hoffnung, gesund zu werden. Urologie, Onkologie und jetzt die Palliativstation. »Ich habe nie aufgegeben«, sagte sie, »und immer gekämpft. Aber in den letzten paar Jahren habe ich über 24 Kilo abgenommen. 24 Kilo! Sehen Sie mich doch an! Was bin ich denn noch? Ich bin zu schwach, als dass mich meine Beine noch tragen können.« Mit ihren knochigen Fingern fuhr sie sich immer wieder über die Augen und wischte sich die Tränen weg. »Ich war nie dick, vielleicht so wie Sie. Normal und schlank, aber jetzt ist eigentlich nichts mehr von mir da. Ich verschwinde mehr und mehr.«

Vor allem beim gestrigen Röntgentermin war Gertrud der Verlust ihrer Körperlichkeit aufgefallen: »Ich saß im Rollstuhl und war bereits völlig erledigt. Die Schwester musste mich mit meinem Bett abholen. Das war mir so unangenehm. Ich wurde ganz seltsam angeschaut. Aber was soll ich machen? Mein Körper sagt mir: Es langt, Getrud! Ich habe einfach keinen Bock mehr! Und was bleibt mir anderes übrig, als das jetzt eben zu akzeptieren. Ich mach das schon, irgendwie.«

Depressionen, Burn-out und Essstörungen sind nur einige Begleiterscheinungen einer kaputten Gesellschaft. Niemand redet gerne darüber, aber es findet doch immer wieder Beachtung. Trotzdem bleibt es ein Tabu, genauso wie der Tod. Was passiert aber, wenn sich Depressionen am Ende des Lebens bemerkbar machen? Wenn ein Körper sich aufgrund einer Tumorerkrankung und den darauffolgenden Therapien verändert, wird der Körper zu einem unkontrollierbaren passiven Erleben, und dann ist nichts mehr wie zuvor: Zwar ist der Mensch nach wie vor Teil seines Körpers – gleichzeitig fühlt er sich fremd in seiner »äußeren Hülle«.

Kurven sind schön

Melodie Michelberger sagte in einem Interview: »Unsere Kultur ist extrem fettfeindlich.« Kann man das bestreiten? Ich glaube nicht. Ehrlich gesagt muss ich mir manchmal dessen selbst bewusst werden. Es ist keine Rechtfertigung zu behaupten, dass wir Menschen eben in so einer »fettfeindlichen Kultur« aufgewachsen sind. Ein Beispiel: Warum ist es akzeptiert, wenn schlanke Frauen bauchfrei tragen, aber bei dickeren Frauen ist es unansehnlich? »Die sollte sich echt schämen. So was kann man mit solch einer Figur doch nicht tragen«, würden manche da sagen.

Doch was in Deutschland als »No Go« gilt, wird in Südafrika hingegen ganz anders gelebt. Zu der Zeit, als ich in dem südafrikanischen Hospiz arbeitete, ist mir besonders das dortige Körperideal aufgefallen. Und um ehrlich zu sein, kann man den enormen Unterschied auch gar nicht übersehen.

Wie oft ist es mir passiert, dass die afrikanischen Frauen zu mir sagten: »You skinny girl«, und stolz ihren äußerst kurvigen Körper in knallenge Klamotten pressten. Ich fühlte mich dann immer unwohl. Die afrikanischen Frauen tragen ihren Körper wie ein besonders wertvolles Schmuckstück und präsentieren sich nur allzu gerne. In der europäischen Kultur wird krampfhaft versucht, keinen einzigen Makel in Form von Fett, Speckröllchen oder Narben sichtbar zu machen.

Je länger ich dort also arbeitete, desto klarer wurde mir, wie sich unser Körpergefühl und -verhalten gänzlich voneinander unterscheiden. Allein schon die Haltung, der Gang und die »Wohlfühlaura« um den eigenen Körper sind eine andere.

Elfriede und das Alter

Älter werden, das wollen wir alle, aber alt sein mit all den Verlusten von Schönheit und Jugendlichkeit, den körperlichen Strapazen – um Himmels willen, bloß nicht! Warum ist das Alter zu einem Gesellschaftsproblem geworden? Durchschnittlich betrachtet erreicht der deutsche männliche Bürger ein Lebensalter von 78,9 Jahren. Frauen werden meistens ein paar Jahre älter. Im Vergleich: Noch in den 1950er-Jahren lebten Männer und Frauen *nur* bis in ihre Sechziger. Doch je älter wir Menschen werden, desto problematischer erscheint mir diese Entwicklung. Denn irgendwie wollen wir das gar nicht: alt werden. Aber trotzdem möglichst lange leben, aber nicht alt dabei aussehen. Hinsichtlich dieser demografischen Entwicklung ist es nur legitim, sich zu fragen: Was ist eigentlich so schlimm daran, alt zu werden? Und warum ist die Bekämpfung des Alters auch gleichzeitig eine »Kriegserklärung« an den Tod?

Elfriede hüpfte regelrecht in ihrem Bett auf, als ich mit kleinen Schaumküssen ihr Zimmer betrat. Bedächtig biss sie Stück für Stück ab und genoss den süßen Geschmack von dunkler Schokolade, Eischnee und Waffel. Eigentlich esse Elfriede gar nichts mehr, wurde mir gesagt, umso erstaunter war ich, wie freudig sie den kleinen Schaumkuss verschlang. Auf einmal schaute sie mich mit ihren großen haselnussbraunen Augen an: »Wissen Sie, es ist schon eigenartig, dass ich bereits so alt bin, dass die Ärzte meine Kinder sein könnten, und Sie«, und damit meinte sie mich, »ich könnte Ihre Oma sein.«

Ein Leben ohne Tod

Wie klingt das? Meiner Meinung nach irgendwie gruselig, aber genau daran forschen Google-Wissenschaftler im Silicon Valley. Ewige Unsterblichkeit, das ist tatsächlich noch ein Zukunftsgedanke, aber 100 Jahre zusätzliche Lebenszeit ist das Ziel der Forscher*innen. Denn alt werden ist out. Aber natürlich hat auch die Unsterblichkeit ihren Preis und wird vorzugsweise eine elitäre Angelegenheit sein.

Je älter wir Menschen werden, desto deutlicher wird es uns, ob wir wirklich gelebt oder unser Dasein auf der Welt nur verschlafen haben. Nur ist es dann ab einem gewissen Alter zu spät, noch etwas zu verändern. Diese verpassten Chancen werden nicht selten auch auf den Sterbebetten betrauert. Unser Körper zeigt uns, dass es mit uns dahingeht: Unsere Haut wird faltig, die Beine schwer, und alles, was früher einmal straff war, hängt. Nicht bis in die Kniekehlen, aber zumindest in diese Richtung.

Als Elfriede Anstalten machte, sich wieder hinzulegen, waren die ganzen Drainageschläuche im Weg, die aus ihrem kleinen Körper hingen, und sie grummelte leise vor sich hin: »Was ist eigentlich aus mir geworden?« Oft sind Wasseransammlungen in der Bauchhöhle, die durch Tumorerkrankungen auftreten können, sehr schmerzhaft. Dann muss die angesammelte Flüssigkeit abgeleitet werden. Und das manchmal mehrmals am Tag. Elfriede berichtete von ihrer permanenten Übelkeit, den körperlichen Veränderungen und den Auswirkungen ihrer hohen Morphindosis und ihrem letzten Weg ins Hospiz. Bei diesem Wort durchzuckte es sie kurz und sie hielt inne.

»Und jetzt sitzen Sie hier bei mir und opfern Ihre Zeit für mich und mein Leid. Um eines will ich Sie aber bitten: Nehmen Sie mein Leid nicht in sich auf. Das ist nicht Ihres.« Ihr Blick war kompromisslos.

Schönheit – auch im Alter –, liegt im Auge des Betrachters und fungiert nicht nur auf einer körperlichen Ebene. Manche Menschen werden erst schön, wenn man ihnen wahrhaft begegnet, andere wiederum zeigen dann erst ihr wahres Gesicht.

Die innere Schönheit von Helmut

Bevor ich Helmut persönlich kennenlernte, wurde mir gesagt: »Erschrick nicht! Er hat ein Glasauge und sieht ein bisschen schief aus.« Ich dachte mir weiter nichts dabei und hatte schon alles wieder vergessen, als ich an seiner Zimmertür klopfte.

Helmut war nicht gerade schlank, sein großer Bauch füllte das kleine Bett aus. Auch sein T-Shirt rutschte immer wieder hoch und gab den Blick frei auf seinen nackten Bauch, auf dem sich ein paar einzelne Haare kräuselten. Doch er merkte es gar nicht, oder es war ihm einfach egal. Wenn Helmut noch eine Augenklappe getragen hätte, wäre er definitiv als ein in die Jahre gekommener Captain Hook durchgegangen mit 20 kg Übergewicht, schütterem Haar und einer tödlichen Diagnose.

Er setzte sich vorsichtig ein paar Zentimeter auf und schaute mich erwartungsvoll an. »Hallo«, sagte ich und strahlte ihn an. »Mei, das ist aber schön, dass Sie mir eine Blume mitgebracht haben«, sagte er. Seine Stimme war im Gegensatz zu seinem massigen Körper ganz fein und zart.

»Sehr gerne«, erwiderte ich und musste an meine Gastrozeit denken, in der ich diese Phrase im Kontakt mit meinen Gästen immer benutzt hatte. Letztlich war es auch hier nichts anderes. Im Hospiz, anders als auf der Palliativstation, werden die Patient*innen auch Gäste genannt.

Ich stellte die Blume auf seinen Nachttisch und sagte erstmal nichts. Diese Sekunden, die sich manchmal anfühlen wie Stunden, sind für viele Menschen schwer auszuhalten. Ich habe gelernt, darauf zu vertrauen, auf diesen einen Impuls zu warten, der entweder von mir oder von meinem Gegenüber kommt. Es passiert letztlich immer etwas, aber die Ruhe davor gilt es auszuhalten.

»Wissen Sie«, schnaufte Helmut, »der Gesichtstumor hat mich echt fertiggemacht. Der hat meine komplette linke Gesichtshälfte befallen. Deshalb habe ich jetzt auch das Glasauge.« Helmut wusste noch alles ganz genau: wie der Tumor immer weiter in seinem Gesicht wucherte, bis die Ärzte zu einer OP rieten. Das Auge war bereits befallen und musste entfernt werden.

»Das Schlimmste war eigentlich, dass sie mir die Gesichtshaut komplett bis zur Nasenspitze abgezogen haben. Deswegen ist meine Nase auch so entstellt«, und er deutete dabei auf seine Gesichtsmitte. »Aber ich lebe noch«, sagte er, grinste und entblößte dabei seine schiefen Zähne.

Das alles erzählte er so gelassen, als wenn es gerade ums Kaffeekochen, aber nicht um einen heftigen Lebenseinschnitt ging. Seine Gesichtszüge waren nicht ansatzweise symmetrisch, und auch sein Körper war nicht der, wie man ihn in Zeitschriften oder den sozialen Medien finden würde. Er entsprach so gar nicht dem gesellschaftlichen Schönheitsideal. Aber er strahlte eine innere Ruhe und Gelassenheit aus, die ihn auf eine ganz besondere Art und Weise einfach nur schön machte.

Sich im Sterben schön fühlen

Im Märchen bekommen die Schönen und Klugen und vor allem die Guten ihr persönliches Happy End. Gerade Schneewittchen hat uns gezeigt, dass es nicht darum geht, die äußerliche Schönheit als Seelenheilmittel zu sehen. Am Ende eines Lebens ist es in erster Linie die Zufriedenheit mit dem Gelebten und die daraus entstehende innere Schönheit, die zählt.

Sich auch im Sterben noch schön zu finden, sich dabei vielleicht sogar neu zu erfinden und den Körper, der einen durch das ganze Leben getragen hat, zu akzeptieren, ist eine Kunst, wenn nicht sogar die höchste.

Was ich hier und jetzt habe, ist mein Leben. Und dazu bin ich auch noch gesund: Was für ein Glück! Wenn ich Sterbende begleite – mich quasi im Angesicht des Todes befinde –, bekommt mein Leben eine andere Ausrichtung auf die wesentlichen Dinge – auf das, was wirklich wichtig ist im Leben.

Selbstbestimmung

Der Tod unterscheidet niemals, er macht alle Menschen gleich. Wir Menschen sind es, die andere Menschen ungleich machen. Aber auf der Palliativstation wird nach der erstgenannten Devise ge- und behandelt. So erfahre ich das auf jeden Fall. Ob Obdachloser oder Professor – jeder bekommt die Behandlung, die er benötigt, ohne dabei bevorzugt zu werden. Niemand ist wichtiger und bedeutender als andere Patient*innen. Ich glaube, wir alle vergessen das viel zu oft. Nur weil wir mehr Abschlüsse oder Preise gewonnen haben, sind wir nicht besser als andere. Wir sind nicht mehr und nicht weniger Menschen, die in unterschiedliche soziale Milieus hineingeboren wurden. Nicht jeder hat die gleichen Chancen, das Leben nach den jeweiligen Träumen und Wünschen zu verwirklichen. Unsere moderne Gesellschaft erwartet jedoch, dass wir alle die gleichen Chancen haben. Sieht man aber genau hin, wird diese Erwartung von Wertevorstellungen wie Selbstbestimmung, Würde und gesellschaftlicher Teilhabe definiert. Und diese Möglichkeiten hat nicht jeder Mensch in unserer Gesellschaft. Das geht bis hin zum Sterben: Die Gestaltung des Sterbeprozesses schafft Ungleichheit. Nur durch den Akt der Selbstbestimmung können wir alle jenseits sozialer Ungleichheit bestehen.

Der Kampf Sterbender um ihre Autonomie

Gleichzeitig ist die Diskussion um ein selbstbestimmtes Sterben seltsam paradox, denn der Tod nimmt einem am Ende genau diese Selbstbestimmung. Wir sprechen immer von möglichst viel Selbstbestimmung bis zuletzt, doch fürs Sterben gibt es keine Anleitung, an der wir uns entlanghangeln können. Vielmehr liegt die Selbstbestimmung eigentlich völlig in der Individualität des Einzelnen. Kurt Tucholsky definierte es so: »Unser Leben gehört uns. Ob wir feige sind oder nicht, ob wir es hingeben wollen oder nicht – das ist unsre Sache und nur unsre.«

Die Definition über die Patientenautonomie am Lebensende bietet intensives Diskussionsmaterial. Obgleich die Patient*innen als Expert*innen ihres eigenen Lebens gesehen werden und grundsätzlich über das Recht verfügen, über die eigenen körperlichen Belange zu entscheiden, ist es oft in der Praxis gar nicht so einfach.

Die letzte Zigarette

Heinz hatte Lungenkrebs im Endstadium. Nach der letzten Chemotherapie schien alles gut, dann die schlechte Nachricht: überall Metastasen, der Krebs hatte im ganzen Körper gestreut. Es gab keine Chance mehr auf Heilung, ein palliativmedizinischer Ansatz wurde empfohlen. Heinz kam also auf die Palliativstation. Eigentlich war er immer ein leidenschaftlicher Raucher gewesen, aber er verzichtete auf Drängen seiner Ehefrau und Kinder. Ab und zu – wenn er keinen Besuch hatte – schob ihn ein Pfleger auf die Terrasse. Dann rauchten sie gemeinsam eine Zigarette. Ganz heimlich. Als die Familie davon erfuhr, hagelte es beim nächsten Besuch Vorwürfe an das Pflegeteam: ob man denn wolle, dass Heinz damit noch mehr geschädigt würde, und er wisse ja gar nicht mehr, was er da tue. Plötzlich meldete sich Heinz zu Wort, der bisher ganz still in seinem Bett gelegen und die Diskussionen verfolgt hatte: »Ich sterb' ja eh, lasst mir doch meine letzte Zigarette!«

Es mag vielleicht fragwürdig erscheinen, aber für einen Sterbenden ist es egal, ob er aus Gesundheitsgründen auf eine Zigarette verzichten sollte. Gesund wird dieser Mensch aller Wahrscheinlichkeit nach eh nicht mehr. Und genau diese Zigarette kann ein hohes Maß an Lebensqualität definieren. Jetzt fragen Sie sich vielleicht, was hat das ausgerechnet mit Selbstbestimmung zu tun? Nun, meiner Meinung nach ganz viel.

Wenn es vorher vielleicht noch darum geht, mithilfe verschiedener Therapieansätze das Leben zu verlängern, ist nun eine neue Ausrichtung gefragt. Meist wird die Palliativmedizin viel zu spät eingeschaltet, obwohl bewiesen ist, dass diese mit einer höheren Lebensqualität, geringeren Kosten, weniger Depressionen und aggressiveren Therapien einhergeht. Der Selbstbestimmungsgedanke kommt hier verstärkt zum Tragen: Da kann Zigarettenrauch Erinnerungen wachrütteln, das Betupfen der Lippen mit Rotwein nochmal die letzten wilden Partynächte vor Augen führen oder der Geschmack von Vanilleeis Sommergefühle hervorrufen. Denn auch diese Wünsche Sterbender haben ganz viel mit selbstbestimmtem Sterben zu tun. Bereits Rilke sprach: »Oh Herr, gib jedem seinen eigenen Tod« – nicht einen sanften oder schmerzfreien, sondern jedem Menschen seinen eigenen Tod.

»Niemand fasst mich an«

»Also bei Petra solltest du echt vorsichtig sein«, meinte Pflegekraft Katrin zu mir. »Entweder mag sie dein Gesicht oder du kannst gleich wieder gehen.« Als ich die Tür zu Petras Tür öffnete und einen kleinen Teller Schokoküsse in der anderen Hand balancierte, war ich über die zierliche Frau überrascht, die mich mit Engelsaugen anschaute. »Hallo«, grinste ich etwas unbeholfen und schob mich durch die Tür herein, »ich habe Schokoküsse dabei. Möchten Sie einen?« Petra lächelte ganz verzückt und schaute zu ihrem Mann, der am Bettende stand.

»Einen? Am liebsten alle«, sagte Petra.

»Du sollst doch nicht nur Zucker essen, auch mal was Normales«, versuchte ihr Mann, sie umzustimmen, aber da wanderte der Schokokuss schon in ein, zwei, drei kleinen Bissen in ihren Mund. Genüsslich ließ sie die Schokolade und den Eischnee im Mund zergehen und lächelte selig vor sich hin. »Gestern hab ich erst dran gedacht, wie schön es wäre, so was mal wieder zu essen. Und jetzt kommen Sie genau damit vorbei«, flüsterte sie schwach.

»Ich lasse Ihnen die Schokoküsse einfach da, okay?«, schlug ich vor und schaute dabei fragend erst Petra und dann ihren Mann an. Dieser befand sich in einem inneren Zwiespalt. Doch nachdem sein Blick erst noch eine ganze Weile auf seiner Frau ruhte, lenkte er schließlich ein: »Ja, lassen Sie sie gern da.«

Zurück im Stationszimmer grinste mich Katrin an. »Und?« »Ja, es war total schön bei Petra. Ich kann mir gar nicht vorstellen, dass sie ungehalten werden könnte«, sagte ich.

»Täusch dich nicht«, meinte Katrin, »bei Anne hat sie richtig angefangen zu schreien. Sie wollte einfach nicht von ihr gepflegt werden. Sie hat eben ihre Lieblingsmenschen«, sagte Katrin achselzuckend.

Wenn Menschen am Ende ihres Lebens schutzbedürftig und hilflos werden, suchen sie andere Formen und Möglichkeiten, noch möglichst autonom handeln zu können. Petra wollte selbst darüber bestimmen, wer sie wäscht, umzieht, ihre Portnadel wechselt und ihr Kissen aufschüttelt.

Die Medizinerin Claudia Wiesemann und der Ethiker Alfred Simon befassen sich systematisch mit der Autonomie des Patienten. Doch was bedeutet es eigentlich, »autonom« zu sein, und welche Rolle spielen dabei gesellschaftliche Strukturen? »In unserer modernen Gesellschaft hat sich die Autonomie als moralisches Recht etabliert«, schreibt Wiesemann. Doch wenn Erkrankungen unsere körperlichen und kognitiven Funktionen beeinträchtigen und damit auch unsere Identität verändern wie beispielsweise bei stark hilfsbedürftigen, sterbenskranken, stark dementen oder komatösen Patienten, können Definitionen von Selbstbestimmung auch zu Herausforderungen werden.

Wann ich sterbe, bestimme ich

Sonja lag in ihrem Bett und knabberte gerade an ein paar Salzstangen, als ich ihr Zimmer betrat. Erstaunt schaute sie mich aus großen braunen Augen an. Ihre dünnen, braunen Haare waren leicht toupiert, vielleicht in der Hoffnung, ein bisschen voluminöser zu wirken. Ihr grauer Ansatz wurde allerdings dadurch noch deutlicher. Ich schnupperte – irgendetwas störte mich hier, es roch so eigentümlich nach Lack und Farbe.

Mein Blick fiel auf Tisch und Stühle, auf denen sich allerlei Farbtuben, Pinsel und Leinwände stapelten. »Sie malen?«, fragte ich erstaunt. »Oh ja, das macht richtig Spaß«, sagte Sonja und lachte kurz auf. »Ich krieg schon Aufträge von Freunden und Nachbarn. Aber setzen Sie sich doch ein wenig zu mir.«

Ich zog einen Stuhl an ihr Bett, überschlug meine Beine und wippte leicht mit den Füßen. Irgendwie fühlte ich mich plötzlich ganz beschwingt. Der Fernseher lief, und aus den Kopfhörern dröhnten die Stimmen einer Fernsehserie, vielleicht ein Rosamunde-Pilcher-Film oder der »Bergdoktor«. Sonja störte das nicht. Die Sonne schien zum Fenster hinein, und draußen vor dem Fenster blühten die ersten Tulpen um die Wette.

»Ach, es ist so schön hier. Ich könnte auch noch zwei Wochen bleiben, aber am Mittwoch muss ich nach Hause«, sagte sie. »Eigentlich wollte ich immer daheim sterben, aber seit ich hier bin, weiß ich nicht, ob ich nicht doch lieber auf der Palliativstation sterben möchte. Ich glaube, man stirbt hier ganz wunderbar«, sagte sie, und seufzte.

Als Sonja vor zwei Wochen auf die Palliativstation kam, war sie vollgepumpt mit Morphium und anderen Schmerzmitteln. Sie war völlig zugedröhnt, bekam nichts mehr mit. Die zusätzliche Tablettendosis bereitete ihr große Schwierigkeiten, auch essen wollte sie nicht mehr. Daheim verweigerte sie jedes Essen, auch das Trinken wurde aufgrund ihrer Schluckstörung zu einer einzigen Qual. Ihr Mann redete ständig auf sie ein, mal liebevoll und sanft, mal drängend und kompromisslos, doch Sonja lehnte ab. »Ich wollte einfach nur noch sterben. Mir war alles egal, selbst mein Mann und mein Sohn waren nicht mehr wichtig. Da war ich ganz schön egoistisch.«

»Was ist daran egoistisch, wenn es um Sie geht. Das war Ihr Wunsch und Bedürfnis«, sagte ich. »Wie geht es Ihnen denn jetzt?«

Plötzlich strahlten ihre Augen. »Niemals hätte ich das gedacht, dass ich mich so gut erhole. Ich bin richtig zu Kräften gekommen, obwohl ich anfangs dachte, die Palliativstation ist meine letzte Station. Aber mir geht es gut, und ich spüre, wie es damit auch meiner Familie besser geht.«

Schritt für Schritt kämpfte sich Sonja wieder zurück ins Leben, raus aus dem Loch, wie sie sagte. »Ich hätte nie gedacht, dass es einem so schlecht gehen kann. Das ist mit nichts vergleichbar.« Plötzlich wechselte sie das Thema. »Aber das muss ich Ihnen sagen, Sie sehen toll aus. Diese strahlenden Augen, die Augenbrauen und dann die kurz rasierten Haare.« Sie lächelte. »Vor der Chemo hatte ich richtig schöne Locken und jetzt?« Sonja fasste sich in die Haare, und als sie ihre Hand zurückzog, blieb ein Büschel feiner Haare darin hängen. »Viel ist nicht mehr davon übriggeblieben.« Der Doktor hatte ihr sogar angeboten, ein Rezept für eine Perücke zu verschreiben, doch sie winkte ab. »Nein, nein, dann kaufe ich mir lieber eine schöne Mütze und rasiere mir die Haare vorher ab. Ich weiß ja jetzt, wie gut so eine Frisur aussehen kann«, sagte sie und zwinkerte mir zu.

An diesem Nachmittag blieb ich lange bei Sonja. Wir sprachen über ihre Erkrankung, ihre Sorgen und Wünsche, und obwohl es so »schwere« Themen waren, fühlte es sich ganz leicht an.

»Ich wünsche Ihnen einen guten Neustart zu Hause, denn Sie kommen ja gestärkter nach Hause, als Sie gegangen sind«, sagte ich. Wir lächelten uns noch einmal an, und bevor ich die Tür hinter mir schloss, begegneten sich unsere Blicke ein letztes Mal.

Dieser letzte Blick, bevor ich die Türe schließe, hat es mir in letzter Zeit besonders angetan. Vielleicht weil genau in diesen Millisekunden nochmal zum Ausdruck kommt, was in diesen Momenten zwischen mir und meinem Gegenüber entstanden ist. Das ist es, was mich jedes Mal aufs Neue fasziniert und glücklich macht. Weil all diese Augenblicke nicht planbar sind und einfach geschehen, wenn ich mich auf die Realität der Sterbenden einlasse. Natürlich müssen es nicht immer Sterbende sein aber bei den Menschen auf der Palli fühle ich mich, wie nirgendwo sonst, dem Leben besonders nah.

Selbstbestimmt leben – selbstbestimmt sterben

Die Langeweile, die wir als Kind so schmerzlich aushalten mussten, gibt es für uns als Erwachsene nicht mehr. Wir füllen jeden freien Zeitpunkt mit Terminen, gesellschaftlichen Verpflichtungen oder mit Arbeit. Und auf einmal sind wir alt. Wir bemerken diese faltigen Hände, die zu uns gehören, die vielen Falten in unserem Gesicht und die ständigen körperlichen Anstrengungen. Manchmal dauert es bis ins hohe Alter, bis man sich wirklich eingestehen kann: »Ich bin alt geworden.«

Meine Uroma hat damals mit fast 90 Jahren noch behauptet, sie brauche keine Gehhilfe, sie sei schließlich viel zu jung für diesen ganzen Kram. Manche verschließen ihre Augen das ganze Leben lang vor dem Alter, und damit definiere ich Alter nicht als »Seniorenalter«, sondern als fortlaufenden Prozess. Ich möchte tatsächlich nicht nochmal 18 Jahre alt sein. Auch nicht mit dem Selbstbewusstsein und den Erkenntnissen, die ich jetzt habe. Früher hatte ich wahnsinnige Angst vor dem Erwachsenwerden, vor dem Eintritt in die Volljährigkeit. Ich dachte, dann fängt tatsächlich der Ernst des Lebens an und mein Leben wäre damit vorbei. Was ich damals noch nicht verstanden hatte: Die Verantwortung für das eigene Handeln zu übernehmen, eine eigene Wohnung zu suchen, sich von den Eltern zu lösen und seinen eigenen Weg zu finden mit all den Höhen und Tiefen, mit denen wir uns immer wieder konfrontiert sehen, das ist Leben. Jetzt freue ich mich regelrecht auf dieses »Älter-Werden«. Denn ich will mein Leben und irgendwann auch mein Sterben selbstbestimmt bestimmen.

Selbstbestimmung fängt schon im Kleinen an und hat Auswirkungen auf unser psychisches und körperliches Wohlbefinden. Der Palliativmediziner Borasio stellt hierbei die Frage: Warum wird die Autonomiedebatte um die Selbstbestimmung nur auf den Zeitpunkt des Todes reduziert? Es scheint fast so, als diene diese Reduzierung quasi der Verschleierung der Angst. Auf ein selbstbestimmtes Leben zurückzublicken, lässt uns vielleicht auch sanftmütiger daraus scheiden.

Wie im Leben, so im Sterben

Da war dieser ältere Herr, über den bei der Übergabe geredet wurde. Anscheinend sei er die ersten paar Tage nach seiner Ankunftszeit sehr wütend und aggressiv gewesen, habe regelrecht randaliert. Doch seit heute sei er so ruhig und liebevoll – wie ausgewechselt, so die Pflegende. Also besuchte auch ich Simon in seinem Zimmer. Er döste noch, aber als ich eintrat, bewegte er sich unruhig hin und her. Auf einmal blickte er mich mit seinen blauen Augen aufmerksam an. Er wollte wissen, was ich als so junger Mensch in »ganz normaler Kleidung« hier mache: Ich sollte unbedingt bleiben. Er sprach von seiner Liebe zur Gartenarbeit und seinem Beruf als Kraftfahrer, und dabei leuchteten seine Augen noch mehr. Sein ganzes Leben lang traf Simon selbstbestimmt Entscheidungen über sein Leben, und ich war erstaunt, wie entspannt er seinem Tod entgegenblickte.

»Wissen Sie, ich war so wütend, als ich hierherkam. Ich dachte, mir wird alles weggenommen, dabei sind wirklich alle so lieb«, sagte Simon. »Das beruhigt mich, wenn ich bald sterbe.«

Er hob seine dünnen Arme, während er redete und gestikulierte, doch im nächsten Moment lagen sie wieder auf dem Betttuch. Simon hatte einfach keine Kraft mehr. Geistig schien er fit, wirkte jedoch auch manchmal seltsam abwesend. Dann schweifte er – selbst mitten im Satz – ab und verlor sich in seinen Gedanken. Aber immer wieder kam er zurück auf seine Liebe zur Natur, Arbeit und zu seiner Ehefrau. »60 Jahre sind wir nun schon verheiratet. Können Sie sich das vorstellen?« Ich schüttelte lächelnd den Kopf.

Auf einmal klopfte es an der Tür. Seine Ehefrau und Tochter kamen zu Besuch. Ich stand auf und verabschiedete mich. »Bin ich jetzt Ihr Freund?«, fragte mich Simon, und seine blauen Augen blitzten. Ich lächelte, nickte und sagte: »Ja, das sind Sie.«

Simon starb ein paar Tage nach meinem Besuch. Er sei ganz friedlich und ruhig verstorben, sagte eine Pflegekraft zu mir, nachdem ich mich nach Simon erkundigt hatte.

Menschen, die im Sterben auf ein selbstbestimmtes, erfülltes Leben zurückblicken, sterben auch selbstbestimmter, sagt der Intensivmediziner Michael de Ridder. Das alles geschieht in einem komplexen Netz aus sozialen, psychologischen, kulturellen und spirituellen Beziehungen und Prägungen.

Selbstbestimmt mit Unterstützung

»Professor Doktor Meyer liegt im Zimmer 205«, sagte Pflegerin Christa. Ihre Stimme klang leicht schrill. »Die Ehefrau möchte gern, dass er auch so angesprochen wird. Er ist sehr schwach und liegt kraftlos im Bett. Seine Frau lässt uns keine Ruhe, ständig huscht sie um uns herum wie ein aufgescheuchtes Huhn und erklärt uns, wie wir ihren Mann zu behandeln haben. Also, sei vorsichtig und halte dich wenn möglich einfach raus!«, und mit diesem gut gemeinten Ratschlag verschwand sie schon in das nächste Patientenzimmer.

Natürlich wollte die Frau nur das Beste für ihren sterbenskranken Mann, der schwach und kraftlos in dem Krankenbett lag. Die weißen Laken waren kaum mehr von seiner blassen Hautfarbe zu unterscheiden. Frau Meyer trug opulenten, teuren Goldschmuck, ein Seidentuch umschmeichelte ihren Hals, und wohin sie auch ging, blieb der Duft ihres teuren Parfüms in der Luft hängen und vermischte sich mit dem beißenden Geruch des Desinfektionsmittels. Unsere Begegnung war kurz. Frau Meyer gab klar zu verstehen, dass sie sich mich nicht als willkommene Begleitung für ihren Mann vorstellte. »Nein, ich möchte niemanden hier haben. Organisieren Sie lieber eine Pflegekraft, die sich im Gegensatz zu Ihnen wirklich auskennt.« Mit einem abschätzigen Blick beendete sie ihre Konversation mit mir, und ich fand mich verdutzt auf dem Flur wieder. Frau Meyer regelte alles für ihren Mann, und ich bekam ihn kaum zu sehen. Tag und Nacht wachte sie an seinem Bett und pflegte ihn, erzählten mir die Pfleger*innen.

Die Begegnung mit dem Professorenehepaar ist mir noch lange nachgegangen. Ich traf die Ehefrau eine Woche später erneut auf der Station. Ihre sonst perfekt sitzende Frisur wirkte leicht durcheinander, Ohrringe, Ketten und Armbänder hatte sie abgelegt. Ihr Make-up wirkte alt, es schien, als habe sie sich am Abend zuvor nicht mehr die Mühe gemacht, sich abzuschminken.

Als sie mich kommen sah, huschte ein flüchtiges Lächeln über ihr Gesicht. Sie wirkte auf einmal ruhig und in sich gekehrt. Ich war höchst irritiert. Noch in der letzten Woche hatte sie herrisch und herablassend gewirkt; sogar das Pflegeteam hatte die Augen verdreht. Wir wechselten ein paar Worte, ihr Blick blieb freundlich und warm. Wir standen uns gegenüber. Zwei Frauen, so verschieden und in diesem Moment doch so verbunden. »Es ist ein großes Geschenk, hier auf dieser Station zu sein. Das begreife ich erst allmählich. Mein Mann und ich sind so dankbar, von so vielen wunderbaren Menschen umgeben zu sein. Ich hatte so Angst, dass uns jede Entscheidung abgenommen wird, wenn wir hierherkommen. Aber mein Mann erfährt hier bei Ihnen so viel Unterstützung.« Nicht nur in ihren Augen schimmerten Tränen.

Thema Sterbehilfe

Bei der Diskussion um Selbstbestimmung wird die Sterbehilfe gleich angehängt. Aber woher rührt diese immer wiederkehrende Diskussion und fatale Gleichsetzung von Sterbehilfe und Selbstbestimmung? Der Palliativmediziner Borasio bringt es auf den Punkt: Es ist die Angst vor einer Zunahme von Suiziden. Es ist die Angst vor einem gestörten Vertrauensverhältnis zwischen Ärzt*in und Patient*in. Und es ist die Angst vor dem sozialen Druck auf Betroffene, die niemandem zur Last fallen möchten. Wenn aber in der Schweiz, wo die Sterbehilfe möglich ist, nur 1,5 Prozent der Menschen einen ärztlichen Suizid in Anspruch nehmen, was ist dann mit dem Rest? So schlecht scheint es nicht auszusehen.

Laut YouGov (2021) befürworten 72 Prozent der Deutschen eine Legalisierung der aktiven Sterbehilfe. Dabei ist es wichtig zu betonen, dass hierbei jeder Mensch individuell gesehen und gehört werden muss. Lebens- und Sterbensentscheidungen können nicht mal eben schnell getroffen werden, sondern benötigen viel Zeit, Fingerspitzengefühl und intensive Gespräche mit geschultem, unabhängigem Personal, wie es ein gut ausgearbeiteter Gesetzesentwurf des Palliativmediziners Gian Domenico Borasio und seiner Kollegen vorschlägt. Kein anderer Mensch als man selbst kann über das eigene Leben urteilen. Wie man sein Leben leben will, ist zweifelsohne ein Persönlichkeitsrecht, das sich nicht nur auf das Leben, sondern auch auf das Sterben beziehen muss. So wie ich mein Leben plane, gestalte ich auch mein Sterben.

In meinen Begleitungen habe ich Menschen oft sagen hören: »Ich möchte einfach sterben. So wie es jetzt ist, so möchte ich nicht mehr weiterleben.« Für diese Menschen erscheint das Leben zu diesem Zeitpunkt sinnlos, ihr Leid ist so immens, dass sie keinen einzigen Lichtblick mehr für sich sehen. Selbst Familie und gute Freunde sind unwichtig geworden. Der sterbende Mensch ist ganz bei sich. Wie im Fall von Sonja, der es daheim so schlecht ging, dass sie das Essen und alle sozialen Kontakte verweigerte. Durch eine palliative Behandlung, die sich auf ihre Bedürfnisse – physische, psychische, soziale, spirituelle – fokussierte, schöpfte sie wieder neue Kraft und Lebenswillen.

Der Ausspruch »So möchte ich nicht mehr leben« impliziert den Wunsch nach einer Lebensbeendigung. Vielleicht ist es ein Hilferuf nach einem Gesehen-Werden? Vielleicht fehlen dem Menschen gerade Nähe und soziale Kontakte? Aber vielleicht möchte dieser Mensch wirklich nur noch sterben. Auch wenn wir uns als Angehörige mit so einer Aussage sehr schwertun, kann ich nur aus eigener Erfahrung sagen, dass wir eins unbedingt tun sollten: den Sterbenden ernst nehmen. Nur so kann das Vertrauen vertieft werden, und der Mensch wird sich durch diese aufrichtige und respektvolle Begegnung weiterhin öffnen. Die Beziehung hat damit auch die Chance, eine gänzlich neue Wendung einzuschlagen. Denn auf diese Aussage einzugehen, zu reagieren, zeigt ja auch: Ich sehe dich in deinem Leid.

Tatsächlich ist mir in all den Jahren auf der Palliativstation noch nie jemand begegnet, der explizit den Wunsch nach einem assistierten Suizid in einem unserer Nachbarländer geäußert hätte. Vielleicht weil es organisatorisch bereits zu spät war oder weil sich manche Patient*innen während ihres Aufenthalts auf der Palli wieder so gut erholt hatten, dass ihr Wunsch sich in Wohlgefallen auflöste. Aber das ist nicht immer so. Auch wenn die Palliativmedizin eine gute Symptomkontrolle bietet, eine hundertprozentige Schmerzfreiheit kann nicht immer gewährleistet werden. Wenn das Leid und der Schmerz des sterbenden Menschen so groß sind, stellt sich mir die Frage: Was ist das noch für eine Lebensqualität? Und wieso maßen wir uns an, über diesen sterbenden Menschen zu urteilen, zu entscheiden, was unserer Meinung nach gut für ihn ist. Für mich hat das etwas sehr Übergriffiges. Deswegen braucht es eine gesetzliche Neuregelung des assistierten Suizids.

Was wir dabei nicht ausblenden dürfen: Es wird trotz einer guten Palliativversorgung immer auch Suizidwünsche geben. Dies zu verdrängen, wäre schlichtweg eine Verdrängung der Realität. Jeder Mensch hat das Recht auf ein selbstbestimmtes Sterben. Für mich steht auf jeden Fall fest: Es ist mein Leben, mein Sterben, mein Tod und sollte daher auch meine eigene Entscheidung sein.

Die Zugehörigen schonen und allein sterben

Nicht selten geschieht es, dass Zugehörige oft Tage und Nächte am Bett eines sterbenden Menschen sitzen, nur um ihn keine Sekunde allein zu lassen. Aber in dem Moment, in dem die Tochter oder der Partner eine Tasse Kaffee holen und für ein paar Minuten das Zimmer des Sterbenden verlassen, stirbt dieser. Auch das ist selbstbestimmtes Sterben.

Klaus, von dem ich im Kapitel über Trauer auch noch erzählen werde, und ich lernten uns auf der Palliativstation kennen. Klaus hatte Lungenkrebs im Endstadium und sollte bald ins Hospiz verlegt werden. Dort begleitete ich ihn bis zu seinem Tod.

Innerhalb weniger Tage baute er extrem ab. Als er nur noch flüstern konnte, fragte er mich: »Willst du dabei sein, wenn ich sterbe?« Ich nickte. »Du bist mutig«, antwortete er und gab mir damit seine Zustimmung. Dieses gegenseitige Versprechen band uns nur noch enger aneinander.

Die letzten Tage saß ich ständig an seinem Bett, und die Welt um mich herum schrumpfte auf die Größe seines Zimmers, konzentrierte sich auf die Nähe zwischen Klaus und mir. Ich tat nichts und dabei doch so viel. Er war manchmal so unruhig, hatte die Augen permanent geschlossen und war irgendwo anders. Manchmal, wenn ich mitten in der Nacht immer noch bei ihm saß und er einen kurzen Atemaussetzer hatte, erschrak ich und hoffte irgendwie, es würde noch nicht so weit sein. Gleichermaßen wünschte ich mir den Tod für ihn. »Kurz und schmerzlos«, so wollte er das.

Es war ein Montagabend, und ich war gerade mitten in einer digitalen Trauergruppe, die ich mitleitete, als der Anruf aus dem Hospiz kam. Klaus war gerade gestorben. Ich konnte es nicht glauben. Als ich zurück vor den Bildschirm kam und kurz erklärte, warum ich jetzt dringend ins Hospiz müsste, kamen mir die Tränen. Im Hospiz wurde ich gleich zu Klaus geführt. Er lag da, genauso wie ich mich noch vor ein paar Stunden von ihm als Sterbendem, aber noch Lebendem verabschiedet hatte. Jetzt war es nur noch seine körperliche Hülle, die mich empfing.

Bereits als wir uns kennenlernten, war er sehr mager gewesen, doch in den letzten Tagen hatte er noch mehr abgenommen. Kein Gramm Fett an seinem Körper, nur noch Haut und Knochen, die seinem Körper eine Form gaben. Die Wangen stark eingefallen, die hohe Stirn und die Augen, die so tief in den Höhlen lagen. Mit jeder Sekunde hatte ich das Gefühl, er könnte sich doch nochmal bewegen. Aber ich wusste, dass es nie wieder sein würde. Ich setzte mich zu ihm, nahm seine Hand in meine Hände, redete mit ihm und verabschiedete mich.

Klaus war ein Einzelkämpfer gewesen, sein Leben lang. Irgendwie hatte ich damit gerechnet, dass er deshalb allein versterben würde. Aber ich lag falsch, denn Klaus hatte auch immer gern Frauen um sich herumgehabt. Pflegerin Susanne, die bei ihm war, als er starb, hatte ihn gemeinsam mit einer Kollegin umlagern wollen, als er in eine leichte Schnappatmung fiel. »Und dann ist er ganz leicht gegangen«, sagte Susanne und machte eine fließende Bewegung mit ihrer Hand. »Ganz leicht.« Ich lächelte.

Klaus und ich, wir hatten uns ein Versprechen gegeben, aber ich glaube, er wollte mir das irgendwie nicht »antun«, bei seinem letzten Atemzug dabei zu sein. Wir verstanden uns auf eine Weise, die keine Worte benötigte. Bevor er ins Hospiz kam, hatten wir uns nur zweimal auf der Palli getroffen. Wir waren uns so vertraut, obwohl wir uns eigentlich nicht kannten, und das von Anfang an. Auch zu dem Zeitpunkt, als er nicht mehr ansprechbar war, merkte ich, wie er entspannter wurde, wenn ich mich neben ihn setzte. Ihn in seinem finalen Sterbeprozess begleiten zu dürfen, war und ist für mich ein unfassbar großes Geschenk. Ich weiß, dass es für ihn ganz klar war: Er wollte nicht, dass ich an seinem Ende dabei bin. Er wollte nicht, dass ich ihn so sehe. Warum, weiß ich nicht, aber ich weiß, dass es so gut war.

Nicht immer trifft es zu, aber Beobachtungen zeigen, dass Menschen so sterben, wie sie gelebt haben: umringt von der ganzen Familie oder stillschweigend und allein. Der Tod ist wie die Geburt ein ausgesprochen intimer Prozess, und nicht jeder möchte bei diesem Vorgang ganz viele Menschen um sich haben.

In dieser ganzen Diskussion sollten wir uns vielmehr die Frage stellen: Was sind uns die pflegebedürftigen, alten und sterbenskranken Menschen wert, die wir ja alle einmal sein werden? Denn selbstbestimmt sterben bedeutet auch, dass jeder bestimmt sterben wird, so der Palliativmediziner Borasio.

»Bevor wir uns auf das Leben vorbereiten, müssen wir uns auf den Tod vorbereiten.« Der römische Philosoph Seneca wusste wohl, wovon er sprach. Wenn wir uns schon früh mit unserem eigenen Ende auseinandersetzen und entsprechende Dokumente wie Patientenverfügung, Vorsorge- und Betreuungsvollmacht bereithalten, haben wir zumindest die Kontrolle über das, was mit uns passiert, wenn wir uns nicht mehr artikulieren und verständigen können.

Loslassen müssen, auch wenn es schwerfällt

Sonja hatte schon Jahre vor ihrem Lungenkrebs die Diagnose Brustkrebs bekommen. Seitdem war alles organisiert und geplant, über alles war bereits gesprochen worden. Sie wollte noch selbst bestimmen, wie ihr Ende gestaltet wurde – solange sie konnte. »Das war mir so wichtig, auch wenn mir mein Tod egal war«, sagte sie. »Und jetzt, wo mein Lebensende immer näherrückt, bekomme ich manchmal große Angst. Mein Sohn ist gerade 17 Jahre alt. Er will nicht ohne Mama groß werden, sagt er. Das verstehe ich, aber ich kann nichts tun«, schniefte sie. »Ein paar Jahre wären schon noch schön, aber das ist eine Sache, über die ich nicht bestimmen kann.«

Zu sagen, mich machen diese Begegnungen demütig, klingt heutzutage so altmodisch, aber wenn wir uns ansehen, was die Psychologin Pelin Kesebir über Demut sagt, nämlich dass Demut »eine Bereitschaft umfasst, die Grenzen des eigenen Selbst, damit auch eigene Schwächen zu akzeptieren und sich der eigenen Kleinheit bewusst zu sein angesichts der gewaltigen Größe der ›Welt‹ – sei es nun in Form von Gott, der Menschheit, der Natur oder des Kosmos«, ist das für mich absolut zutreffend.

Sterben zwischen real und virtuell

Manchmal habe ich das Gefühl, ich hüpfe zwischen der Realität der Lebenden und der Realität der Sterbenden hin und her. Dann frage ich mich manchmal: In welcher Welt bin ich gerade lieber? Genauso verhält es sich mittlerweile im Grunde mit der virtuellen und realen Welt. Und das Sterben? Wo bewegt sich das Sterben?

WhatsApp und Co. – am Leben teilhaben bis zum Schluss

Digitale Medien sind Fluch und Segen zugleich. Vor allem die ältere Generation, die nicht mit Smartphone und Co. aufgewachsen ist, hat Schwierigkeiten, bei dieser rasanten technischen Entwicklung überhaupt noch mitzuhalten. Aber positiv eingesetzt kann diese Veränderung auch etwas sehr Verbindendes mit sich bringen.

Hedwig und ihre Enkelkinder

Als ich an der Zimmertür klopfte und meinen Kopf hereinstreckte, blickten mich statt einem, gleich drei neugierige Augenpaare an. Patientin Hedwig hatte Besuch von Schwiegertochter und Enkelkind Mia. Oma Hedwig saß an der Bettkante, ihre Enkeltochter schaute über ein Headset eine Serie, und die Schwiegertochter wuselte um die beiden herum. Gegenüber vom Bett hing ein Fernseher, darunter ein viereckiger Tisch, auf dem ein großer Blumenstrauß und ein Bild des bereits verstorbenen Ehemanns standen. Ringsherum klebten selbstgemalte Bilder und Fotos ihrer Enkelkinder. FÜR OMA und GUTE BESSERUNG stand da in krakeligen Buchstaben.

»Hallo«, sagte ich, »ich wollte Ihnen eine Tulpe vorbeibringen.« Oma Hedwig lächelte, klopfte rechts neben sich auf die Matratze und deutete mir an, mich zu ihr aufs Bett zu setzen, während sie sich hinlegte. Mia hatte den Fernseher ausgeschaltet und ihren Stuhl ganz nah an das Bett ihrer Oma geschoben, sodass sich unsere Knie fast berührten.

Oma Hedwig war Anfang 70 und hatte Lungenkrebs, der bereits in die Leber und ins Gehirn metastasierte. Sie wurde immer schwächer. Vor allem nachts war es schlimm. Deswegen stand sie auch auf der Warteliste fürs Hospiz. »Anders geht es nicht mehr«, sagte die Schwiegertochter. Oma Hedwig schaute derweil schweigend auf ihre Hände und zupfte an ihrer Bettdecke herum.

»So«, sagte Hedwig, legte dabei ihre Stirn leicht in Falten und blickte mich forsch an: »Keine Haare? Wieso das?« Etwas irritiert von ihrem Gesprächseinstieg erwiderte ich: »Na ja, irgendwie dachte ich damals, es sind doch nur Haare, und ich mag es, weil diese Frisur einfach so herrlich unkompliziert ist.«

Ich spürte Mias neugierigen Blick auf mir, drehte meinen Kopf und lächelte sie an. Verlegen schaute sie auf den Boden und schlenkerte mit ihren Beinen. »Was machst du denn eigentlich hier mit Oma?«, fragte sie plötzlich. Es war mehr Neugierde als Angst, die aus ihr sprach, und doch hatte ich das Gefühl, sie konnte mit meinem Dasein nicht so viel anfangen. Ich erklärte ihr, was eine ehrenamtliche Mitarbeiterin auf der Palli so macht: Gespräche führen, Blumen vorbeibringen oder Waffeln backen. »Ich schaue immer, was jeder Mensch gerade braucht.«

Mia nickte. Sie ging in die 4. Klasse, ein Schulwechsel stand kurz bevor. Für ihre neun Jahre war sie bereits groß gewachsen, hatte schulterlange, rotbraune Haare und freche, hellblaue Augen. Sie hatte noch drei jüngere Geschwister, alle in einem Abstand von etwa drei Jahren.

»Du bist immer da, mit nur einem Klick«

Im Verlauf des Gesprächs merkte ich, wie Oma, Schwiegertochter und Enkelkind das große Bedürfnis hatten, sich beinahe gleichzeitig so einiges »von der Seele zu reden«. Mit Augen und Ohren war ich entweder kurz bei Oma Hedwig, musste dann aber auch gleich zu Mia wechseln, die lautstark »Johannaaa« rief, weil ihr etwas ganz Wichtiges einfiel. Sie erzählte mir von den Emojis, die sie mit ihrer besten Freundin über WhatsApp austauschte. »Und dann habe ich mich selbst erstellt«, sagte sie ganz stolz und wollte es mir gleich zeigen. Ihre Mama schien etwas verblüfft, denn sie selbst durfte den Chatverlauf nicht sehen. »Was für eine Ehre«, murmelte sie lächelnd. Mit einem breiten Grinsen hielt mir Mia ihr Handy hin, und ich teilte die gleiche Begeisterung für ihr digitales Ich. »Jetzt mache ich mal dich«, sagte sie und fing an, einen »Johanna-Emoji« zu erstellen. »Jetzt habe ich dich für immer gespeichert und kann mich an dich erinnern«, strahlte sie, und ich strahlte zurück.

»Jetzt kannst du auch deine Oma erstellen«, schlug ich vor, und zwinkerte ihr zu. Hochkonzentriert und mit leicht geröteten Wangen machte sie sich gleich an die Arbeit, um die beste digitale Version ihrer Oma zu erschaffen.

Währenddessen wandte ich mich wieder Hedwig und ihrer Schwiegertochter zu. »Seit November bin ich immer wieder auf der Onkologie gewesen. Weihnachten konnte ich noch daheim verbringen, aber Silvester war ich auch hier. Das Schlimmste war das Besuchsverbot wegen Corona«, sagte Hedwig und schluckte.

Zum Glück hatte die Familie noch ein Smartphone übrig. Mithilfe von Videoanrufen konnte der Kontakt gehalten werden, und auch die Kleinsten der Familie konnten die Oma sehen. »Hedwig war eben immer erreichbar vor Ort und auf einmal war sie weg, das hat uns alle schwer getroffen. Und dann noch das Besuchsverbot«, sagte ihre Schwiegertochter.

Auf einmal wurde die Stille von Mias freudigem Hurra unterbrochen. Sie sprang auf, stellte sich an Omas Seite und zeigte ihr begeistert ihre Arbeit. »Das bist wirklich du«, stellte sie fest. »Tatsächlich«, sagte Hedwig, und gab ihrer Enkeltochter einen Kuss auf die Stirn. »Eine schöne Erinnerung.« »Ja«, jauchzte Mia, »du bist immer da, mit nur einem Klick.« Als sich die beiden verabschiedeten, blieb ich noch ein bisschen bei Oma Hedwig am Bett sitzen.

»Was bedrückt Sie denn?«, frage ich, denn ich spürte, dass sie etwas belastete. Sie musste ein paar Mal schlucken, bis sie die richtigen Worte fand: Das Hospiz war die einzige Möglichkeit für eine gute Rundumbetreuung, aber sie vermisste ihre Enkel und ihr Zuhause so sehr. »Ist es mehr die Sorge um Ihre Enkelkinder, wie die Ihren Tod verkraften werden, als Ihre Angst vor dem Tod?«, fragte ich sie. Sie nickte, und dabei liefen Tränen über ihre Wangen.

Auf einmal griff sie nach meiner Hand und hielt sie ganz fest. »Danke«, sagte sie und schaute mich liebevoll an. »Ihre Liebe trägt

Ihre Enkelkinder und wird sie auch nach Ihrem Tod weitertragen«, sagte ich und schaute Oma Hedwig nochmal tief in die Augen.

Eine wichtige Verbindung zur Außenwelt

Nicht immer ist die Mediennutzung bei Sterbenden so einfach und ein solcher Gewinn wie für Hedwig. Denn Telefongespräche und Videoanrufe können Sterbenskranke sehr anstrengen. Wenn die Verbindung instabil ist, der Ton rauscht oder der Zeitpunkt schlicht ungünstig ist, kostet das viel Kraft. Dennoch ist das Smartphone eine wichtige Verbindung zu ihrer Außenwelt. Auch ältere Menschen können am besten frühzeitig damit vertraut gemacht werden, denn wenn diese nicht mehr mobil sind, wird es deren zukünftige Verbindung zur Außenwelt sein. Ob Messengerdienste, Briefe oder Postkarten, ein analoger oder digitaler Austausch hängt stark von der körperlichen Verfassung des sterbenden Menschen ab.

Sterben und Tod in den Sozialen Medien

Wir leben unseren Alltag ohne Todeserfahrung, doch auf den Sozialen Medien (social medias) zeichnet sich ein immer gegenläufigeres Bild ab. Auf Instagram haben nahezu alle Bestattungsunternehmen oder Trauerredner*innen ein eigenes Profil: Manche posten Sprüche, andere setzen eher auf persönliche Inhalte und zeigen Einblicke in ihre Arbeit. Die digitale Welt birgt auch viele Vorteile, denn dadurch können Themen rund um Sterben, Tod und Trauer besser wahrgenommen werden und erlangen mehr Sichtbarkeit. Die digitale Gemeinschaft wächst und wächst, vor allem das Interesse an persönlichen Schicksalen. Wie oft habe ich schon in diversen Profilen, in denen neben Beruf, Alter und dem Hinweis »mindfulness, selflover oder vegan« auch die eigene Krebserkrankung erwähnt wird, gesehen. Die Diagnose ist damit Teil der eigenen Biografie und Wirklichkeit – real und digital.

Eine Community digital verbinden

Ich lernte Christine über Instagram kennen. Sie betreibt ihr Profil auf Instagram unter dem Namen »*living_with_metastatic_cancer*«. In ihrer Bio steht: metastasierter Brustkrebs seit 09-2015. Sie ist eine der Langzeitüberlebenden, jedoch ihr ganzes Skelett bereits voller Metastasen. Aktuell geht es ihr gut, Therapie und Medikamente helfen. Vor ein paar Wochen war sie zu schwach zum Laufen, jetzt läuft sie ein paar Schritte am Tag. Ein großer Erfolg.

Die letzten Jahre waren geprägt von extremen Höhen und Tiefen, und die Sache mit der Patientenverfügung hatte sie bis dahin immer vor sich hergeschoben, bis ihr klar wurde: »Auch wenn du verheiratet bist, darf dein Mann gar nichts für dich entscheiden, auch wenn er alles weiß. Ohne Patientenverfügung ist das völlig egal. Das war etwas, was ich auf gar keinen Fall wollte.«

Jetzt hatte Christine alles geregelt, bis ins allerkleinste Detail, um ihre Zugehörigen zu entlasten und aus der Verantwortung zu nehmen, irgendetwas nach ihrem Tod für sie entscheiden zu müssen. »Außerdem möchte ich das Sterben haben, was ich mir wünsche«, sagte sie. »Und seit ich das plane, fühle ich mich immer freier in meinem Leben und habe wieder mehr Kapazitäten und Kraft für Neues. Das ist wie eine Befreiung aus einem Albtraum.«

Deswegen macht Christine die Aufklärungsarbeit, ist öffentlich sichtbar in den sozialen Netzwerken. Sie möchte, dass ihr Tod filmisch begleitet wird, nachdem sich jeder von ihren Zugehörigen verabschiedet hat. Und es soll ein letztes Foto geben, dass sie in ihrem Tod zeigt, nachdem sie hergerichtet wurde.

Der Zusammenhalt und die Anteilnahme der Menschen, die in der digitalen Welt eigentlich Fremde sind und hier aufeinandertreffen, sind dabei gewaltig. Was hier entsteht, ist ein neues Zusammengehörigkeitsgefühl, das keine räumlichen Distanzen kennt. Immer mehr nutzen die eigentlich so oberflächliche App als eine Art Tagebuch, um einerseits aufzuklären und zu spüren: Ich bin nicht allein mit meiner Geschichte.

Trauerfeiern via Zoom

Den eigenen Account nach dem Tod löschen? Christine will weiterleben, zumindest digital. »Ich würde sonst meine Community im Stich lassen, die mich so lange begleitet hat. Das ganze Wissen würde verloren gehen«, sagte sie. »In meiner Vorstellung spiegelt mein Sterbeprozess auch mein eigenes Leben wider.« Deswegen nimmt Christine die Menschen mit auf diese Reise – auf ihre ganz persönliche Reise bis zu ihrem Tod. Doch auch danach sollen Menschen weiterhin Nachrichten an sie schreiben können, die auf ihrem Profil veröffentlicht werden. Dazu hat sie bereits eine Freundin beauftragt.

Klingt das nach einer surrealen oder normalen Entwicklung in unserer digitalisierten Gesellschaft? Mit dem digitalen Profil einer verstorbenen Person noch in Kontakt zu bleiben, kann für den ein oder anderen auf jeden Fall etwas sehr Tröstliches haben.

Der Wunsch nach Kontakt und Austausch ist ein zutiefst menschliches Bedürfnis jener, die digitale Medien nutzen. In einer Welt, in der zunehmend der Bezug und die Bindung verloren gehen, sich Menschen als »entfremdet« empfinden, können Medien Nähe herstellen: Nähe trotz Distanz besitzt etwas Tröstliches. Doch es ist nicht so leicht, »echte Nähe« herzustellen und zu halten. Durch die vielfältigen digitalen Möglichkeiten kann aber ein vorher aufgebautes Grundvertrauen aufrechterhalten werden.

Eine Abschiedsfeier via Zoom. Das ist Christines Wunsch. »Mein größter Traum wäre es, dass sich darüber Menschen kennenlernen, die sich so nie begegnet wären.« Sie lächelte. Der Tod als verbindendes Element, dieser Gedanke kommt auf, wenn sie von den vielen Möglichkeiten erzählt, die sie für ihre Zugehörigen geplant hat. »Dann bin ich immer noch ein bisschen Teil des Lebens der anderen.«

Das digitale Erbe

Mit dem digitalen Erbe wird nach dem Tod eines Menschen nicht nur geklärt, wie und ob das digitale Ich im Internet weiterlebt, sondern auch an welchen Erben die ganzen Daten wie beispielsweise Musiksammlungen, Profile von sozialen Netzwerken, E-Mail-Konten übergeben werden. Im besten Falle ist das vorher schon alles geregelt, wenn nicht, kann es kompliziert werden, wie alles, was nicht vor dem Tod eines Menschen geregelt wurde. Somit ist der digitale Nachlass heutzutage genauso wichtig wie die Patientenverfügungen oder eine Vorsorgevollmacht.

»Er hat tatsächlich gelebt«

Anne ist eine junge Frau, die vor zwei Jahren ihren Vater an einer seltenen Form von Lymphdrüsenkrebs verloren hat. Ich lernte sie vor ein paar Monaten kennen, als sie zu uns in die Trauergruppe kam. »Papa hat sich mit sowas, wie digitalem Nachlass überhaupt nicht beschäftigt, aber für den Notfall hatte er mir seine ganzen Passwörter gegeben«, sagte Anne. Ohne es zu wissen, hat er seiner Tochter damit einen großen Gefallen getan, denn ohne die ganzen Passwörter hätte sie nie seine digitalen Angelegenheiten klären können. »Ich bin dann in sein Facebook-Profil und habe mich als Nachlasskontakt angegeben, sonst wäre das alles gesperrt gewesen«, so Anne.

Aber irgendwas funktionierte nicht beim Umstellen der Seite in einen Gedenkzustand. Die Seite ist unverändert, und Anne fragt sich bis heute: »Soll ich die Seite umwandeln oder löschen?« Aber ihr Vater wollte helfen und andere, ebenfalls an Krebs erkrankte Menschen, mit seinen Beiträgen aufklären. »Wir haben über so viel gesprochen, aber über das dann doch nicht.« So bleibt auch die Entscheidung offen, und Anne weiß bis heute nicht, was ihr Vater eigentlich gewollt hätte.

Doch immer in den Momenten, in denen sie zweifelt, ob er wirklich gelebt hat, gibt ihr der Klick auf seine Facebook-Seite die Gewissheit. »Ich hatte so eine Angst, dass er vergessen wird«, hauchte sie. Ihre Stimme war nur noch ein Flüstern. »Aber doch, er hat existiert, er hatte ein Leben.«

Will ich überhaupt für alle Zeiten im Internet »lebendig« bleiben? Diese Fragen müssen wir uns stellen, solange wir noch am Leben sind und freie Entscheidungen treffen können, um weitergeben zu können, in welcher Form wir nach unserem Tod digital weiterleben möchten.

Unvergessen

Genau wie bei einem Friedhofsbesuch wird auch hier ein Stück Trauerarbeit geleistet, die der Sterbende auch vorher selbst gestalten kann – wenn gewünscht. Die Möglichkeiten des Digitalen sind ebenso unendlich, und auch wenn bei manchen Menschen die Angst herrscht, die virtuelle Welt ersetze die Realität, so kann auch diese Beschäftigung heilsam sein. Denn das Smartphone hat schon lange einen festen Platz in unserem Leben erhalten. Auch im Sterbe- und Trauerprozess dient es dabei als wichtiges Medium: als Kommunikationsschnittstelle oder als Erinnerungstransporteur. Die Digitalisierung hat Einzug in unser privates und berufliches Leben gefunden, nun ist es an der Zeit, auch das Ende des Lebens zu integrieren. Es kann die persönliche Begegnung niemals ersetzen, doch nicht nur die Pandemie hat uns gezeigt, wie nützlich es sein kann, diese Technik zum Guten einzusetzen – für die Sterbenden und gleichwohl für die Hinterbliebenen.

Erst letzte Woche hatte Annes Vater Geburtstag. Dann trudeln auf seiner Facebook-Seite viele digitale Glückwünsche ein. Und auch auf seinem Grab finden sich überraschend viele Blumen. »Es tut gut zu spüren, dass mein Papa nicht vergessen wird; nicht in der realen und nicht in der virtuellen Welt«, sagte Anne.

Digitale Trauertreffen

Die Idee, einen Trauertreff für junge Erwachsene ins Leben zu rufen, war längst überfällig, und als das Konzept stand, kam Corona. Natürlich waren die Trauertreffen in Präsenz geplant, doch die Termine schoben sich immer weiter nach hinten, bis wir uns schließlich für ein digitales erstes Kennenlernen entschieden. Drei junge Erwachsene meldeten sich an. Da ging es um den Tod der großen Schwester, des kleinen Bruders oder des Vaters. Manche Todesfälle lagen schon ein paar Jahre zurück, andere erst ein paar Wochen. Ich hatte es mir zuvor nicht vorstellen können, aber Trauerbegleitung funktioniert auch digital. Anders, aber es funktioniert. Zugegeben, wir hatten erst Sorge, dass ein so intensiver Austausch auf dieser Ebene nicht angenommen würde, das genaue Gegenteil war aber der Fall. Es ist der Verlust eines geliebten Menschen, der die Verbindung zwischen Menschen schaffen kann und das auch auf einer digitalen Ebene.

Instagram, Tiktok und Beerdigungen per Live-Stream

Max verlor seine kleine Schwester vor ein paar Monaten bei einem Verkehrsunfall. Sie war gerade mal 18 Jahre alt, als sie starb. Was bleibt, wenn jemand gestorben ist? Und wie kann man mit dem Verstorbenen in Kontakt kommen und bleiben? »Oft schaue ich mir die alten Tiktok-Videos an, in denen sie tanzt und mit ihren Freundinnen herumalbert. Manchmal muss ich dann mitlachen, obwohl ich mir denke, was sie da für einen Quatsch gemacht hat«, sagte Max. »Mir hilft es sehr, dass ich weiß, sie ist digital noch lebendig, denn wenn wir ihren Instagram- und Tiktok-Account löschen würden, hätte ich das Gefühl, wir würden sie auch aus unserem Leben entfernen. Dabei ist und bleibt sie doch meine Schwester, ein ganz wichtiger Teil von mir.«

Der gegenseitige Austausch, in Präsenz oder digital, ermöglicht es, die eigene Trauer in all ihren Facetten mit Menschen zu teilen, die eine ähnliche Erfahrung gemacht haben. Der Onlinemarkt in

Sachen Sterben, Tod und Trauer wächst kontinuierlich. Schon lange gibt es nicht mehr nur Fachbücher, denn immer mehr Menschen wollen ihre persönlichen Geschichten in speziellen Trauerforen, ihrem eigenen Profil oder verschiedenen Podcast-Formaten teilen. Das Internet ist schon lange zu einem beruflichen und sozialen Interaktionsraum geworden, welches vor allem in Zeiten der Corona-Pandemie viele persönliche Begegnungen ersetzt hat. Instagram, Tiktok und Co. können dabei auch zum Ablenkungs- und Verdrängungstool werden, denn viele Apps bieten mehr als nur eine neue digitale Wirklichkeit an. Auch Beerdigungen per Live-Stream sind möglich, denn in Zeiten von Digitalisierung und Pandemie konnten die Bestatter nicht umhin, sich neue, kreative Notfalllösungen einfallen zu lassen. Und auch wenn es nicht das Optimale ist, ist es besser als nichts.

Der Friedhof wie auch die »digitale Sphäre« ist ein Ort der Trauer. Gedenkseiten bieten die Möglichkeit, eine virtuelle Kerze anzuzünden, um an die Verstorbenen zu denken, derweil kann die Facebook-Seite dauerhaft gelöscht oder in einen Gedenkzustand versetzt werden. Für letzteres wird dann ein Nachlasskontakt bestimmt, der sich um die Seite kümmert. Je nachdem was den Zugehörigen gut tut, werden diese Orte unterschiedlich oft besucht. Auch über diese digitale Annäherung und Auseinandersetzung kann sich die Beziehung zu einem Verstorbenen verändern.

Am besten planen, was nach dem Tod bleiben soll

Die Frage, in welcher Welt sich das Sterben letztlich bewegt, bleibt offen. Denn beide Welten sind Realitäten, wenn auch recht gegenläufige. Wichtig ist es jedoch, dass es, wie Christine betonte, um eine bedürfnisorientierte Planung für die Zugehörigen geht. Für sie ist klar: »Ich habe dann ja keine Bedürfnisse mehr. Ich bin dann ja eh tot.«

Warum fällt uns aber die Auseinandersetzung mit unserem Lebensende so schwer? »Letztlich geht es doch um den eigenen Egoismus, dass man sich mit seinem eigenen Sterben konfrontiert sieht. Und gerade diese Konfrontation wäre doch eine geeignete Situation, um sein eigenes Sterben zu planen. Dann brauche ich ja auch keine Angst mehr davor zu haben«, sagte mir Christine in unserem Gespräch. Nein, das brauche ich dann nicht mehr. Nicht jeder denkt und handelt wie Christine, doch diese Geschichte zu erzählen, kann uns vielleicht mutiger werden lassen hinsichtlich des eigenen Sterbens, das uns zwangsläufig alle irgendwann ereilen wird.

Was Sterbende betrauern?

Unser ganzes Leben hindurch sterben wir viele kleine Tode, ein ständiger Wechsel aus Abschied und Neubeginn. Es sind Dinge wie beispielsweise die Trennung der Eltern, der Umzug in eine andere Stadt, der Abschied von der Kindheit, der ersten großen Liebe, oder aber wenn das Lieblingsspielzeug kaputt ist oder das Kuscheltier verloren geht. Das alles sind Verlusterfahrungen, die uns prägen und vorbereiten für unsere letzte große Reise, auf die letzte Gewissheit unseres Lebens: den Tod. Bereits der römische Philosoph Seneca wusste: »Es kommt nicht ein einzelner Tod, sondern der Tod, der das Leben nimmt, ist der letzte.«

Doch wenn ein geliebter Mensch stirbt, spüren nicht nur die Hinterbliebenen eine große Traurigkeit. Nein, auch die Sterbenden selbst haben eine ganze Menge zu betrauern.

Die Trauer kontrollieren

Wir tun uns schwer mit dem Umgang von Trauer, wollen sie lieber beherrschen als spüren, so wie wir allzu gern das Sterben kontrollieren würden. Sowohl Sterbende als auch Hinterbliebene sind Trauernde. Denn die sterbenden Menschen verlieren mit einer lebensverändernden Krankheitsdiagnose ihr bisheriges Leben und auch ihre Zukunft. Nichts ist mehr so wie vorher. Bronnie Ware hat mit »5 Dinge, die Sterbende am meisten bereuen« einen internationalen Bestseller gelandet. Aber warum hat genau dieses Buch einen sensiblen Nerv der Menschen getroffen?

Es sind Dinge wie …

»Ich wünschte, ich hätte den Mut gehabt, mir selbst treu zu bleiben, statt so zu leben, wie andere es von mir erwarten.«

Der Mut, sich selbst treu zu bleiben, weniger zu arbeiten, mehr Emotionalität, eine stärkere Bindung zu Freunden und mehr Freude im Leben – klingt das nicht alles vielleicht sogar schrecklich trivial? Eben, weil es doch so einleuchtend ist. Diese Erkenntnisse der Sterbenden sind im Grunde genommen nichts Neues, und doch stehen wir in unserem Leben immer wieder vor einem Scheideweg. Entscheiden wir uns für Karriere, Macht und Geld oder legen wir unseren Fokus auf gute zwischenmenschliche Beziehungen und kümmern uns gut um uns selbst?

Ich habe oft das Gefühl wir schieben unser eigenes Leben auf, wenn aber das »Ende« vor der Tür steht, begreifen wir erst, was wir so viele Jahre eigentlich verloren oder aufgegeben haben.

Abschied von der Lebens-Leichtigkeit

Inge hatte eine breite Nase, auf der eine feine Brille mit goldenen Fragmenten saß. Dahinter müde Augen, die im Fünf-Sekunden-Rhythmus zufielen und sich doch immer wieder öffneten. Bereits vor sieben Jahren bekam sie die Diagnose Krebs. Jetzt war er wieder da. Zwei Jahre nachdem er das letzte Mal scheinbar besiegt worden war. »›Ach, Sie leben noch?‹, hat sogar der Chefarzt zu mir gesagt«, flüsterte Inge. »Niemand hat damit gerechnet, dass ich noch lebe, und ich bin jetzt wirklich noch da.« Es fiel ihr schwer, die Augen offen zu halten, ihr Blick driftete immer wieder ab. Aufgrund der Schmerzmittel fiel sie immer wieder in einen Dämmerzustand, der sie immer tiefer in ihre Kissen und auch in eine andere Welt sinken ließ. »Der Brustkrebs hat mir so viel genommen. Nicht nur meine Brüste, sondern auch meine Leichtigkeit. Aber ich hab's immer geschafft.« Inge lag ganz still da. Ihr Brustkorb hob und senkte sich langsam auf und ab. »Die Schwestern machen mir Mut, heitern mich auf, aber ich kann doch gar nicht mehr am Leben teilnehmen. Das passt alles nicht mehr.«

Inge verlor mit der Brustamputation nicht nur ihre Körperlichkeit und musste damit ihre weibliche Seite neu definieren, sondern auch ihre Unbeschwertheit, ihren eigentlich so zähen Lebenswillen. Die Schmerzmittel vernebelten ihr die Sicht, und bereits bei meinem nächsten Besuch fühlte es sich für mich an, als schwebe Inge zwischen zwei Welten hin und her. Am Ende verlor sie ihr Leben.

Nicht Gelebtes und nicht mehr Mögliches

Beim Stichwort »Trauerarbeit« denken die meisten an Trauerarbeit für die Hinterbliebenen, für die Lebenden. Wenn ich Sterbende begleite, zeigt sich oft, dass auch sie viel zu betrauen haben. Aber was betrauern sie eigentlich? Mit den Lebenden, die trauern, kommen wir ja so viel »einfacher« in Kontakt, die Sterbenden hingegen sind irgendwann tot und meist in verschiedenen Institutionen wie Krankenhäusern, Hospizen oder Pflegeheimen außerhalb unserer Reichweite untergebracht. Sterben und Tod werden gern als ein Phänomen gesehen, das lieber weggeschoben und institutionalisiert wird. »Aus den Augen aus dem Sinn« hilft da eher weniger, denn der Tod trifft uns alle. Aber mit dem Versuch, das Sterben an den Rand der Gesellschaft zu schieben, hoffen wir vielleicht insgeheim darauf, dass der Tod uns – zumindest heute – nicht überfällt. Aber so, wie ich es erlebt habe, ist das den Sterbenden meist gar nicht so recht.

Letzter Wunsch: zu Hause sterben

Die Oma von Madita war immer da gewesen und hatte sich gekümmert, wenn sie von der Schule nach Hause kam. »Und jetzt ist die Oma im Krankenhaus«, schniefte Madita. Auch Oma Margret passte das nicht so ganz, aber die Pflege und Hilfe, die sie benötigte, konnte kein ambulanter Dienst rund um die Uhr leisten. »Es geht eben nicht anders und ist für alle das Beste«, sagte die Schwiegertochter und legte Margret eine Hand auf die Schulter. Margret nickte.

Als ihre Enkelin mit ihrer Mutter gegangen war, fing Margrets Stimme auf einmal an, brüchig zu werden. »So gern würde ich daheim sterben, doch ich weiß, es geht nicht. Das Hospiz ist die einzige Lösung. Aber es bricht mir das Herz. Vor allem wegen meiner Enkelkinder.« Wir saßen uns gegenüber, Margret lag im Bett, ich saß an der Bettkante, und auf einmal waren unsere Hände fest miteinander verbunden. Wir sagten kein Wort, schauten uns einfach nur an, bis es für mich Zeit war zu gehen.

Zu Hause sterben zu können, das war Oma Margrets großer Wunsch, der nicht realisiert werden konnte. Damit ist eine tiefe Trauer verbunden, ihr liebgewonnenes Zuhause verloren zu haben. Margret starb in der Nacht, bevor sie ins Hospiz verlegt wurde. Ich habe aufgehört, mich zu fragen, ob Sterbende solche Dinge beeinflussen können. Denn ich glaube, sie können es. Solche Geschichten sind mir vertraut, ich habe es selbst erlebt oder es wurde mir oft erzählt. So wie Margret geht es vielen Sterbenden. Eine Studie der Bertelsmann Stiftung ergab, dass 76 Prozent der Menschen am liebsten zu Hause sterben wollen, 10 Prozent im Hospiz und nur 4 Prozent im Krankenhaus.

Die Psychiaterin Elisabeth Kübler-Ross gilt als Begründerin der modernen Sterbeforschung. Sie teilt das Sterben und Trauern in verschiedene Phasen ein: Nicht-wahrhaben-Wollen, Zorn, Verhandeln, Depression, Akzeptanz. Eine moderne Variante diverser Trauerphasen hat die Psychotherapeutin Verena Kast entwickelt. Da es sich aber vielmehr um unabhängig voneinander ablaufende Gefühlszustände und keine festgeschriebenen Phasen handelt, spricht J. William Worden von den vier Traueraufgaben. Denn wir Menschen sind viel zu individuell, als das wir in starre Phasen eingeteilt werden könnten.

»Ich werde meine Kinder nicht begleiten können«

»Johanna, du könntest auf jeden Fall mal zu Stefan gehen! Ich glaube, das würde ihm guttun«, sagte eine Pflegekraft und zwinkerte mir zu. Ich schaute kurz auf die Liste aller Patient*innen. Bei Stefan stand die Diagnose Glioblastom erst seit einer Woche fest. Ich wusste, was das zu bedeuten hatte. Die Überlebenschancen bei diesem aggressiven Gehirntumor sind schlecht. Sehr schlecht. Nur 10 Prozent der Patient*innen überleben fünf Jahre.

Für einen Moment dachte ich, ich hätte mich in der Tür geirrt, denn ich stand mitten in einem Kinderzimmer. An den Wänden klebten Bilder, an einer Schnur, die sich quer durch das Zimmer spannte, hingen unzählige Fotos und auf dem Boden verstreut lagen Spielsachen.

»Hallooo«, begrüßte mich Stefan und zwinkerte mir zu. Seine Schläfen waren abrasiert, die restlichen Haare mit etwas Haargel zurechtgemacht. Seine muskulösen Arme waren voller Tattoos, und von außen betrachtet wirkte er überhaupt nicht krank. Natürlich, denn es spielte sich ja alles in seinem Gehirn ab.

Ich versuchte, nicht über die Spielsachen zu stolpern, und bahnte mir einen Weg zu seinem Bett. »Sind das Ihre Kinder?«, fragte ich Stefan und deutete auf das eingerahmte Bild auf seinem Nachttisch, welches drei kleine Mädchen zeigte. »Jaaaa, das sind sie«, sagte er und seufzte. »Meine Frau und ich sprechen ganz offen mit den Dreien. Na klar, so ganz verstehen sie es nicht, dafür sind sie noch zu klein. Aber Julia bringt sie immer mit. Dann spielen sie hier und sind ganz selig. Und dann muss ich wieder daran denken, dass sie bald ohne Papa aufwachsen werden.« Mit seinem Handrücken wischte er sich die Tränen aus den Augen. »Ich werde meine Kinder nicht begleiten können auf ihrem Weg: Schulabschluss, erste Liebe, Auszug ... das alles werde ich nicht miterleben können. Das ist verdammt beschissen.«

Auf einmal klopfte es, und ein blonder Wuschelkopf wurde durch die Tür gestreckt. »Paaapi«, quiekte seine Tochter und hüpfte auf ihn zu. Er schloss sie in seine muskulösen Arme, verdrückte noch ein paar Tränen und grinste seine Kleinste frech an.

Ich lächelte, stand auf, und bevor ich sein Zimmer verließ, drehte ich mich nochmal kurz um. Unsere Blicke trafen sich, und ich wusste: Jetzt, für diesen einen Moment, war alles gut.

Trauer ist alles. Trauer ist bunt mit all seinen Facetten. Natürlich gehört es auch dazu, mal wieder aus vollem Herzen zu lachen. Für mich hat das eine nichts mit dem anderen zu tun. Denn auch wenn wir lachen, heißt das ja nicht automatisch, dass wir nicht mehr trauern. Es wird nur gerade von einem anderen Gefühl überlagert. Und außerdem werden dann endlich mal wieder ein paar Endorphine losgelassen.

Sterbende nehmen Abschied von alldem, was war und ist. Für Stephan sind es seine drei kleinen Mädchen, die er nicht aufwachsen sehen wird. Und von seiner Frau Julia, die gleichermaßen um ihn trauert wie er um sie. Der Verlust von Partnerschaft zeigt sich meist in vielen Facetten, wie ich es beispielsweise bei Heidrun erlebt habe.

»Wer wird sich um ihn kümmern?«

Es war bereits früher Nachmittag, als ich Heidrun besuchte. Sie lag in ihrem Bett und trug ein hellrosa Nachthemd mit blumigen Stickereien. Ihre dünnen weißen Haare legten sich wie ein fast durchsichtiger Schleier über ihren Kopf. Die Haut an den Schläfen war bereits so dünn, dass man die bläulichen Aderverläufe sehen konnte. Erst schaute sie mich skeptisch an, sie erwartete doch keinen Besuch, doch dann freute sie sich sehr über meine mitgebrachten Süßigkeiten. »Mein Mann kommt mich jeden Tag besuchen«, flüsterte sie, »nur um hier bei mir sein zu können. Er ist jetzt 85 Jahre alt, ich werde bald 80 Jahre.«

Heidrun bekam die Diagnose Eierstockkrebs vor vier Wochen. Die Ärzt*innen waren guter Dinge, mit einer Operation sei es getan, doch als die Bauchdecke von Heidrun geöffnet wurde, stellte man fest: Alles war voller Krebszellen. Ihr wurde zu einer Chemo geraten, um danach operieren zu können. Heidrun tippte sich an die Stirn. »In meinem Alter noch eine Chemo? Wozu das? Nein, ich will palliativ begleitet werden!« Ihre Stimme klang fest und entschlossen.

»Mein Mann und ich haben schon immer viel über den Tod gesprochen. Es war klar, dass einer den anderen früher verlassen wird.« Ihre Stimme zitterte plötzlich. »Wir sind seit 55 Jahren verheiratet. Kommt er alleine zurecht?« In ihren Augen schimmerten zum ersten Mal Tränen.

In meinen vielen Gesprächen habe ich immer wieder bemerkt, dass Sterbende die große Sorge um ihre Partner*innen und Hinterbliebenen immer wieder umtreibt. Wie wird es sein, wenn – wie im Fall von Heidrun – sich niemand mehr um das tägliche Mittagessen kümmert, den Haushalt schmeißt oder auf die Arbeit geht? Kommen die Hinterbliebenen mit diesem Verlust zurecht?

Die Dichterin Mascha Kaléko sagte: »Bedenkt: den eigenen Tod, den stirbt man nur. Doch mit dem Tod der anderen muss man leben.« Finden die Hinterbliebenen nach so einem Verlust wieder ins Leben zurück? Und gleichzeitig ist da auch die Sorge des Sterbenden: Was bleibt von mir, wenn ich nicht mehr bin? Hoffentlich gerate ich nicht in Vergessenheit.

Wenn sich alle abwenden

Die Frau im Bademantel werde ich wohl nie vergessen, so eindringlich war unsere Begegnung. Susanne hatte ihren mageren Körper in einen viel zu großen, knallorangenen Bademantel gewickelt, ihr Gesicht so schmal, dass es nur noch ein Zerrbild war. Mich erschreckte ihr Aussehen nicht. Sie winkte mich zu sich herein und fing sofort an, von ihrem Glauben und den Zeugen Jehovas zu erzählen. »Hier ist das Anmeldeformular, unterschreiben Sie auch!«, befahl sie mir. »Dann können wir uns immer zusammen unterhalten.« Ich blieb noch eine ganze Weile bei ihr und hörte mir alles an. Was mir erst im Nachhinein bewusst wurde: Gläubige Menschen sterben nicht unbedingt leichter – denn in ihrer wahnsinnigen Todesangst versuchte Susanne, auch mich zu bekehren, um nicht ganz allein zu sein. »Alle haben sich von mir abgewendet, nicht mal die Menschen von meiner Glaubensgemeinschaft kommen mich besuchen«, sagte sie zu mir.

Einsamkeit ist viel mehr als nur Alleinsein. Menschen können sich in einer großen Gruppe ganz schrecklich einsam fühlen. Menschen können aber auch einsam sein, wenn sie allein sind. Expert*innen sprechen bei Einsamkeit schon von epidemischen Zuständen. Vor allem bei der jüngeren Generation zeichnet sich ein deutliches Bild ab. Die einsame Generation ist eine, die ihr Leben auf den gar nicht so sozialen Plattformen darstellt und verbringt. Das Wirtschaftssystem setzt auf Wettbewerb statt Solidarität, auf Einzelkampf statt Gemeinschaft. Ist es da nicht verwunderlich, dass sich Menschen Gemeinschaften anschließen, um eben nicht mehr einsam zu sein? Aber nicht immer gelingt es damit, das Bedürfnis nach Liebe zu stillen.

Mit dem Eintritt in die Sekte hatten sich frühere Freunde von Susanne abgewendet. Über ihre Familie verlor sie kein Wort. Und jetzt auf ihrem Sterbebett wurde sie auch von ihrer neuen Gemeinschaft verlassen. Jede Faser ihres Körpers schrie, sie suchte Halt und klammerte sich verzweifelt an das Einzige, was sie noch hatte: Broschüren und Flyer ihrer Glaubensgemeinschaft.

»In Wirklichkeit«, so schreibt Bronnie Ware, »steht hinter all unserem Schmerz aber nur der Wunsch, geliebt, akzeptiert und verstanden zu werden.« Susannes Bedürfnis nach Liebe und menschlicher Begegnung war groß, das konnte ich spüren. Was sie mir zum Ende mitgab, war ein Anmeldeformular ihrer Sekte, zusammen mit ihrer Geschichte.

»Warum habe ich nie getan, was ich wollte?«

»Sind Sie eigentlich verheiratet?«, fragte mich Marta. Nur noch ihr Kopf schaute aus den vielen Decken hervor. Sie hatte sich eingemummelt. Wärme tat ihr gut, denn ihr war dauernd kalt. Ich schüttelte den Kopf. »Wenn ich nochmal so jung wäre wie Sie, würde ich das auch nicht machen.« Ihre Ehe war eine einzige zwanghafte und von hierarchischen Strukturen geprägte Beziehung gewesen. »Ich war in seinem Unternehmen angestellt, habe Tag und Nacht gearbeitet, kein eigenes Geld gehabt, und er hat mir nicht einmal einen neuen Rock gekauft.« Martas Mann starb mit 56 Jahren an einem Schlaganfall und hinterließ ihr einen gewaltigen Schuldenberg. »So viele Jahre habe ich mich abhängig gemacht und dann, als er tot war, war ich nicht nur verzweifelt, sondern auch verschuldet. Nein, ich würde studieren, meine Freiheit genießen und mich nicht so schnell binden wollen.« Sie seufzte. »Und dann hat mir mein Mann auch noch ein Geschenk gemacht«, sagte sie und deutete auf ihren Brustkorb. »Den Lungenkrebs, durch seine ständige Raucherei.«

Das Erstaunliche an der Trauer der Sterbenden ist, dass sich der eine Verlust an den anderen reiht. Ehe etwas betrauert werden kann, ist schon das nächste Thema da: Auf einmal stand ihre Wohnungsauflösung mit all den feinen Möbeln und Bücherschränken im Vordergrund. »Ich sage zu meinem Sohn: Lös das alles auf, aber er hat immer die Hoffnung, ich komme nach Hause.« Marta lachte und nippte an ihrer Cola. »Nein, nein, ich erfreue mich noch immer an meinen Möbeln, aber in meiner Erinnerung. Ich werde nicht mehr heimkommen.«

Unabhängig zu sein von ihrem Mann, das war Martas lebenslanger Wunsch. Doch selbst nach seinem Tod war sie noch an ihn gebunden. Die Schulden, der Lungenkrebs; ihr Mann ließ Marta einfach nicht los. »Warum habe ich nie getan, was ich wollte? War ich nicht stark genug? Ich glaube, ich habe mein eigenes Glück verpasst«, sagte sie traurig. Minutenlang schaute sie schweigend aus dem Fenster. »Sie machen es doch anders oder nicht? Lassen Sie sich von niemandem einengen.« Martas Erkenntnis über ihre Lebensgestaltung kam spät, zu spät, als das sie noch etwas daran hätte ändern können. Diese Last, die ihr sprichwörtlich auf den Schultern saß, hatte sie immer tiefer sinken lassen.

Doch ihre Erfahrungen und Einsichten mit mir teilen zu können, hatte sie gestärkt. Auf einmal wirkte sie viel aufrechter und klarer, ihre tiefe Traurigkeit wie weggeblasen. »Das war richtig schön mit Ihnen. Auf Wiedersehen«, sagte sie. Und Martha sollte recht behalten, denn wir begegneten uns noch ein weiteres, jedoch letztes Mal.

Wenn die Fassade anfängt zu bröckeln

Monika war ein kleines Persönchen, mit leicht hervorquellenden Augen und dünnem Haar. Ihre Haut war braun gebrannt, dennoch fast faltenfrei. Kaum saß ich ihr gegenüber, sprudelte es auch schon aus ihr heraus. Interessanterweise schien es sie überhaupt nicht zu beschäftigen, wer ich war und warum ich sie überhaupt besuchte. »Diese Krebsdiagnose traf mich vor elf Jahren ganz unerwartet, und all die Zeit habe ich alles nur verdrängt, weggeschoben und nie verarbeitet. Auch schon vorher. Eigentlich mein Leben lang. Das macht sich jetzt alles bemerkbar. Aber was soll's ... das kriegen wir schon hin.« Sie setzte ihr strahlendstes Lächeln auf. »Es muss weitergehen, es muss weitergehen ...«

»Ich habe das Gefühl«, sagte ich vorsichtig, ›Sie versuchen, eine äußere Fassade aufrechtzuerhalten. Aber wer sind Sie, ganz tief in sich drin?«

Das aufgesetzte Lächeln noch im Gesicht flossen auf einmal die Tränen aus ihren Augen wie Bäche, die vor nichts Halt machten. »Ja, weil ich mein Leben lang so gelebt habe. Mein ganzes Leben ein einziges Versteckspiel«, schluchzte Monika. Ihre Augen waren stark gerötet, und sie tupfte sich mit einem weißen Papiertuch das Gesicht ab. »Diese Schutzmauer trage ich schon mein Leben lang. Vielleicht durch mein Zuhause? Aber das wird schon alles. Ich geb nicht auf. Es geht alles irgendwann vorbei. Es muss vorbeigehen.«

Was passiert mit verdrängter Trauer aus der Kindheit? »Es kommt alles wieder, was nicht bis zum Ende gelitten und gelöst wurde«, sagte Hermann Hesse. Spätestens am Sterbebett wird also diese Trauer wieder ein Thema sein. Denn die Trauer ist immer auch ein Zeichen für den Verlust von Beziehung.

Aber fürs Erste genügte es Monika, und sie wechselte das Thema, um aber trotzdem noch kurz anzufügen: »Ich habe noch nie mit jemandem darüber geredet. Eigentlich tut es gerade echt gut. Danke!« Da klopfte es, und ihr Sohn schaute zur Tür herein. Es war kurz vor Ostern, er brachte seiner Mutter eine Sammlung an Hasenfiguren, Schokoladeneiern und ein großes Stück Salami mit. Auf einmal war Monikas Traurigkeit verflogen.

Offensichtlich konnte Monika ihre Traurigkeit erst zeigen, als sie jemanden hinter ihre Schutzmauer blicken ließ. Als ihr Sohn sie dann besuchte, war anstelle der Traurigkeit wieder ihr strahlendes Lächeln getreten. Als ich ein paar Tage später zu Besuch war, sagte Monika zu mir: »Es gibt mir so viel Kraft, wenn jemand bei mir ist. Aber wenn ich dann wieder allein bin, steigt die Traurigkeit in mir hoch. Dann sitze ich da und bin wie erstarrt und so allein.«

Meist merken wir erst mit dem Rückblick auf unser Leben, wie wir unsere ganzen Jahre verbracht haben. Kostbare Lebenszeit, die wir weggeworfen oder verdrängt haben. Vielleicht auch ein Schutzmechanismus, aber wenn wir am Ende unseres Lebens angekommen sind und genau diese Gedanken wieder hochkommen, ist es die Traurigkeit über verpasste Chancen und Momente, die Sterbende begleitet.

Die Formen des Trauerns gleichen Symptomen von Depressionen oder Psychosen. Doch Trauer ist keine Krankheit, kein psychisches Leiden. Meiner Meinung nach muss Trauer, wie auch dem Sterben, ein Raum gegeben werden und nicht als Störung oder Depression abgestempelt werden. Nicht bei Lebenden und nicht bei Sterbenden. Was dabei oft übersehen wird: Sterbende sind auch Trauernde. Der Psychologe und Theologe Ernst Engelke sagt: »Sterbenskranke verlieren ihr Leben.« Dies geschieht nicht in einem einmaligen Augenblick, sondern in vielen »kleinen« Trauer- und Verlustprozessen.

Der Druck, den sich Monika selbst aufgebaut hatte, war immens. Mit einem einzigen Satz ließ ich ihre scheinbar so sichere Welt zerplatzen wie eine Seifenblase. Ich folgte meiner Intuition und tat dabei anscheinend genau das Richtige.

Das Ende beschleunigen geht nicht

Aber die Trauer von Sterbenden kann auch ganz andere Züge annehmen. Da war beispielsweise Robert, der das letzte Zimmer am Ende des Gangs bewohnte. Schon beim Betreten des Zimmers rannte ich gegen eine muffige und stickige Wand. Ich taumelte innerlich hin und her. »Ich hab nicht ›Herein‹ gesagt«, bellte er mich an. »Entschuldigen Sie bitte«, murmelte ich wie noch etwas betäubt. Seine gelben Augen funkelten mich an. Dann bemerkte ich erst, dass auch der Rest seines Körpers gelblich schimmerte. Im ersten Moment schien es, als habe sich jemand einen Scherz erlaubt und ihn angemalt, doch waren wohl der Leberkrebs und die damit verbundene Gelbfärbung dafür verantwortlich. Der Krebs breitete sich zügig in seinem Körper aus, zerstörte alles und brachte ihn doch nicht um. »Ich will endlich sterben! Mein Leben ist sinnlos. Aber wieso geht es einfach nicht?«

Jorgos Canacakis, ein griechischer Psychologe und Psychotherapeut, vor allem aus seinen Arbeiten zur Trauerverarbeitung bekannt, sagte, dass uns die Trauer gegeben sei, um Schmerzen des Verlustes zu bewältigen: »Wenn wir ihr nicht Hindernisse in den Weg stellen, kann sie von selbst fließen und nach außen gelangen. Wenn sie in uns bleibt, kann sie zerstörerisch wirken.« Und das lässt sich sowohl von den Hinterbliebenen als auch den Sterbenden sagen.

Die verlorene Lebendigkeit und der Verlust an Lebensqualität können von Sterbenden betrauert werden. Einen kurzen schmerzlosen Tod – am besten mitten im Schlaf – das wünschen sich die meisten. Im Falle von Robert kann der Kampf um den Tod zu einem richtigen Marathon werden. Dabei wird deutlich, dass wir auch im Sterben keine Kontrolle über unser Ende haben. Es kommt, wenn es kommt.

Kindertrauer

Auf der Palliativstation begleite ich viele Menschen, sehe ihre Freude, ihren Schmerz, ihre Wut und ihre Traurigkeit. Zusätzlich begleitete ich aber auch Lena, ein achtjähriges Mädchen. Sie setzt für mich einen Kontrast zu der Traurigkeit der Sterbenden, die so ganz anders verläuft als bei den Lebenden – vor allem bei Kindern.

Die große Schwester von Lena ist vor gut einem halben Jahr an Krebs gestorben. Sie wurde zu Hause palliativ betreut und begleitet, wo sie auch sterben durfte. Lena ist die Jüngste und hat noch eine größere Schwester, die ein paar Jahre älter ist. Lena ist sehr wütend, manchmal richtig aggressiv, schmeißt mit den Türen und ist ein richtiger Wirbelwind. Ihre Schwester hingegen zieht sich zurück und sucht den Abstand zu allem. Kinder und Jugendliche haben schon früh eine Vorstellung vom Tod. Doch begreifen sie den Tod je nach Entwicklungsstufe und verschiedener, eventuell bereits gemachter Erfahrungen mit Sterben, Tod und Trauer unterschiedlich. In dem Buch »Wie Kinder trauern« heißt es: »Die Themen Verlust und Trauer wachsen sozusagen mit einem Kind mit« – immer abhängig von verschiedenen Einflüssen wie Verhalten und Erfahrungen der Eltern und Entwicklungsstand des Kindes.

Der Tod eines Menschen verändert das Umfeld und auch die Begleiter*innen. Das System Familie muss sich neu zusammensetzen, und es bedarf Selbstreflexion und Mut, sich dessen bewusst zu werden. Dabei äußert jedes Kind seine Trauer anders, wenn ein geliebter Mensch verstirbt. Kinder verhalten sich zu ihrer Liebe zur Familie, also zum System, so unterschiedlich. Sie wollen ihre Familie schützen, schreiben beispielsweise sehr gute Noten und funktionieren, um die Eltern nicht noch zusätzlich zu belasten. Kinder leben stark im Hier und Jetzt, weswegen es den Anschein erwecken könnte, der Verlust sei schnell vergessen.

Doch wie so oft gibt es immer zwei Seiten. »Das ganze Leben muss man lernen zu sterben«, sagte schon der römische Philosoph Seneca und wird so als Teil von beidem – Leben wie Tod – definiert. Dabei springen Kinder eher von Trauerpfütze zu Pfütze und legen »Trauerpausen« ein, während sich Erwachsene oft in einem ganzen Trauermeer befinden.

Die Trauer der Sterbenden und die eigene

Ich durfte Klaus während seines gesamten Sterbeprozesses auf der Palliativstation und auch weiter im Hospiz begleiten. Bereits als wir uns kennenlernten, verhielt er sich ganz locker, was seinen eigenen Tod betraf. »War ja klar, dass ich Lungenkrebs bekomme mit meinem Zigarettenkonsum«, und so trocken, wie er es sagte, musste ich sogar ein bisschen grinsen.

Doch natürlich wusste ich nicht, wie er sich fühlte, wenn er allein war. Darüber hat er mit mir nie gesprochen. Andere, ganz alltägliche Dinge waren für ihn als Gesprächsstoff wichtiger. Doch an dem einen Tag im Hospiz, als er nicht mehr in der Lage war zu sprechen, weil er bereits zu schwach war und trotz Sauerstoffgerät kaum Luft zum Atmen bekam, äußerte er seine Trauer in einem einzigen Wort: Lebensrettung. Abgemagert und in sich zusammengesunken saß er da am Bettrand, die Füße berührten den Boden, konnten seinen schwachen Körper aber nicht mehr länger tragen. Er wirkte verzweifelt, wurde auf einmal ganz unruhig und murmelte immer heftiger: »Lebensrettung, Lebensrettung, Rettung ...«

Ich kniete vor ihm, unfähig zu sprechen. Eine Pflegekraft berührte Klaus am Arm und sagte: »Eine Lebensrettung ist nicht mehr möglich, wir können Ihr Leiden nur lindern.«

Plötzlich wurde Klaus ganz ruhig und atmete tief ein und aus. Dann breitete er seine Arme mit einer einladenden Bewegung aus und sagte klar und deutlich: »Liebe.«

Ich glaube, die Liebe war es auch, die mich durch seinen Sterbe- und Trauerprozess trug. Das klingt vielleicht für den ein oder anderen furchtbar pathetisch, aber Liebe ist einfach universell. An diesem entscheidenden Punkt in unserem Leben werden wir eins. Das Leben, welches sich »draußen« abspielt, ist nebensächlich, es scheint gar nicht mehr zu existieren. Den Sterbenden kann ich in seiner Trauer begleiten und stützen. Aber es ist wichtig, all diesen Gefühlen einen Platz zu geben und auch die Trauer des Sterbenden – in welcher Form sie sich auch zeigt – zu betrauern. Thomas Macho, Kulturwissenschaftler und Philosoph, sagte einmal: »Im Sterben der anderen Menschen zeigt sich eine Maske, die die eigene Trauer spiegelt.«

In all meinen Begleitungen bin ich als Mensch, als Resonanzpunkt für mein Gegenüber da. Ich nehme mich selbst zurück und bin doch mit meiner Biografie präsent. Dass die Geschichten Sterbender etwas in mir auslösen, ist ganz normal, denn sonst würde ich all diesen Menschen gar nicht aufrichtig begegnen können. Doch manchmal ist es auch so, als ob mir ein Spiegel vorgehalten wird, und ich begreife, was mir bisher fremd war. Klaus hat mich in dieser intensiven Zeit viel gelehrt – nicht umsonst behaupte ich: »Sterbende sind Lehrer*innen fürs Leben« – und ganz besonders in der Zeit nach seinem Tod. Wir kannten uns nicht lange, dafür begegneten wir uns immer wieder sehr intensiv.

Trauer macht sensibel

Als ich mich von seinem Leichnam verabschiedet hatte, fiel ich buchstäblich in ein Loch. Ich fühlte mich haltlos, war emotionslos und leer. Ich verspürte endlose Einsamkeit. Jetzt war er tot, und ich blieb zurück. Obwohl mir bewusst war, dass er sterben würde, war ich in seinem Sterbeprozess so im Hier und Jetzt verankert, dass ich nicht an seinen baldigen Tod denken konnte und wollte. Wie uns Trauer verändern kann, merken wir dann, wenn wir selbst zum Trauernden werden. Die Welt um uns herum kommt uns auf einmal so belanglos und fahl vor. Wir stehen wie unter Hypnose, sind betäubt. Denn Trauer befällt Körper und Geist. Tatsächlich ist die

Trauer ein so ganzheitlich körperliches Phänomen, dass die Reaktionen auf verschiedenen Ebenen wie den körperlichen, sozialen, kulturellen oder materiellen Ebenen ablaufen können. Für mich geschieht das Sterben immer zum ersten Mal, weil jeder Mensch zum ersten Mal stirbt und es nichts Vergleichbares gibt.

Ich habe oft als Kind zu hören bekommen: »Genieß die Jugend, die Zeit vergeht so schnell!« Doch ehrlich gesagt, ist die Zeit des Erwachsenwerdens gar kein »Zuckerschlecken«. Aus einem gehörigen Abstand sagt sich das jedoch leichter. Und so ähnlich ist das auch bei den Sterbenden. Jeder Mensch muss seine eigene Erfahrung machen und dabei seinen eigenen Weg einschlagen. Wir sollten Sterbenden unsere Zeit schenken, denn sie ist kostbarer als alles andere. Dadurch lernen wir, empfänglicher und sensibler für uns und unsere Mitmenschen zu sein. Trauer hilft uns, Gefühle eindeutiger wahrzunehmen und feinere Nuancen zu erspüren.

Denn Trauer beginnt nicht erst mit dem Sterben oder dem Tod eines Menschen. Trauer ist – genau wie der Tod – ein Lebensthema, das uns immer begleitet. Um etwas oder jemanden zu trauern, bedeutet gleichzeitig, auch den Menschen, um den wir trauern, sehr geliebt zu haben. Trauer ist eine reine Form von Liebe. Trauer hat auch viel Gutes, aber natürlich nicht rund um die Uhr. Doch irgendwas wird uns immer auf unserem Sterbebett ereilen, über das wir trauern werden. Denn Trauer gehört einfach zum Leben dazu.

Das »Danach« –
Die Wege der Toten?

Ein Mensch ist tot. Und was jetzt? Die Wege der Toten laufen fast immer nach dem gleichen Schema ab, zumindest hier in Deutschland: Wenn ein Mensch stirbt, wird der Leichnam gewaschen, angezogen und in den Kühlraum gebracht. Dort wird er vom Bestatter abgeholt, der alles Weitere regelt. Für alle, die mit der Versorgung der Toten und der Bestattung zu tun haben, ist das, was zu tun ist, Routine, weil der Tod für diese Menschen täglich präsent ist. Gleichzeitig passiert das »Danach« hierzulande meist im Verborgenen. Sicherlich handelt es sich dabei nur um den Weg des biologischen Körpers, denn was mit dem anderen Teil, der Seele, passiert, kann ja keiner sagen.

Wenn sich der Körper verabschiedet

Auch wenn ich schon viele Sterbende begleitet und auch schon einige Tote gesehen habe, den weiteren Weg eines, auf der Palli oder im Hospiz, verstorbenen Menschen war ich bis dahin nicht mitgegangen. In dem Altenheim, in dem ich mit 16 Jahren mitgeholfen habe, wurden die Toten direkt vom Bestatter mit einem Holzsarg abgeholt. Ich kann mich noch gut daran erinnern, wie einmal direkt aus dem Zimmer eines Verstorbenen der Bestatter mit dem »befüllten« Sarg herausrollte. Alles geschah still und heimlich, und ich konnte nicht verstehen, warum so eine Geheimnistuerei darum gemacht wurde.

Heutzutage ist der Tod schon an manchen Stellen sichtbarer geworden. Leichenwagen werden durch normale VW-Busse ersetzt – was zwar der Enttabuisierung, aber auch den niedrigeren Kosten dienlich ist, Friedhöfe werden als riesige Spazieranlagen in Szene gesetzt, zurück ins Stadtbild geholt und damit auch in unsere Realität. Den Tod ins Leben holen, für manche Menschen klingt das ganz absurd und eigenartig. Für mich war der Tod damals schon ganz normal.

Ein Mensch ist verstorben

Es war ein klarer Wintertag, der Schnee reflektierte die Sonnenstrahlen und begann, langsam zu schmelzen. Es roch nach Frühling, obwohl es noch tiefster Winter war. An diesem Tag machte ich mich wie jeden Freitag auf den Weg zur Palliativstation. Bereits in der Übergabe von Früh- zu Spätschicht hieß es, dass zwei Menschen gestorben seien. Parallel kamen zwei Neuzugänge von anderen Stationen. An diesem Freitag hatte ich anders als sonst das Gefühl, es herrschte ein unglaubliches Gewusel und ein kleines Durcheinander auf der Station.

Aus der Woche davor kannte ich einen der Verstorbenen: ein junger Mann, Mitte 40 mit einem bösartigen Gehirntumor. Jetzt lag er da in seinem Bett, die Arme neben dem Körper, die Augen geschlossen. Er wirkte so friedlich, als würde er einfach ein Mittagsschläfchen halten. Doch die Hautfarbe hatte sich bereits verändert, war an manchen Stellen bläulich-lila marmoriert und gelblich. Wie die Veränderung der Hautfarbe gibt es weitere körperliche Veränderungen, von denen ich berichten möchte.

Warum ist es also so wichtig zu wissen, was im Inneren mit einem toten Körper passiert? Weil es zur Realität dazugehört: Denn genauso wie ein Körper und damit neues Leben entsteht, fängt dieser auch an, sich nach dem Tod wieder zu zersetzen. Um diese Prozesse zu wissen, kann Angst und Unsicherheit nehmen, zum Beispiel dann, wenn die sogenannten Totenflecken entstehen. Das Blut fließt nicht mehr und staut sich. Meistens erfolgt dies nach circa 20 bis 30 Minuten. Das Blut sinkt nach unten, setzt sich in der Haut ab, und es entstehen die »Leichenflecken«. Diese können sich großflächig über den ganzen Körper verteilen, oder sehr klein bleiben.

Zurück auf die Palli: Eine Pflegekraft zog nun ein dünnes Bettlaken über den Kopf des jungen Verstorbenen. Nur noch seine feine Körpersilhouette zeichnete sich ab. Dieser tote Körper wurde jetzt in die Kühlkammer gebracht, um den Verwesungsprozess aufzuhalten. Denn nach der Leichenstarre setzt die Autolyse, also die Selbstauflösung abgestorbener Körperzellen durch spezielle Enzyme ein. Der Körper beginnt auszutrocknen, und da er auch nicht mehr mit Sauerstoff versorgt wird, fangen die Organe an, sich zu verflüssigen, und der Leichengeruch entsteht. Das bedeutet also je mehr Sauerstoff und je höher die Umgebungstemperatur, desto schneller schreitet die Verwesung voran.

Mehr Raum für Hinterbliebene

»Darf ich mitkommen?« Meine Frage erschien mir selbst eigenartig fremd und aufdringlich. Wieso um alles in der Welt war ich daran interessiert einen toten Menschen wegzubringen?

Vielleicht, weil es einfach dazu gehört. Weil ein Mensch ja nicht einfach verschwindet, wenn er tot ist, und dann bei einer Beerdigung im Sarg wieder auftaucht. Die Wege dazwischen sind den meisten Menschen unbekannt. Manche wollen es vielleicht auch gar nicht so genau wissen und sind dankbar, wenn sich Bestattungsunternehmen und Thanatopraxie – quasi die Schönheitschirurgie der Toten – um alles weitere für eine würdevolle Bestattung des Verstorbenen kümmern.

Ein*e Thanatopraktiker*in ist übrigens gleichzeitig Visagist*in, Mikrobiolog*in, Friseur*in und Mediziner*in in einem. Aber wozu das alles? Nach einem Unfall, Suizid oder Mordfall wird der Leichnam wieder so hergestellt, dass eine offene Aufbahrung im Sarg möglich ist. Da werden Körperteile fein zusammengenäht, geschminkt oder eine chemische Injektion vorgenommen. Die Thanatopraxie ist jedoch selten. Es gibt nur 100 ausgebildete Thanatopraktiker*innen in Deutschland.

Wenn man den ganzen Sterbeprozess als Puzzle betrachtet, dann fehlt oft das entscheidende Stück, um das Ganze zu sehen. Der Teil, der so dringend benötigt wird, um verstehen und gleichzeitig trauern zu können.

Gerade deswegen bieten immer mehr Bestatter*innen den Hinterbliebenen an, beim Waschen und Ankleiden des Leichnams dabei zu sein. So wird der Tod durch das Berühren des Leichnams real, und die Hinterbliebenen können selbst etwas tun und ihren Verstorbenen »die letzte Ehre« erweisen: sie schön machen und dabei begleiten. Das fehlende Puzzlestück wird eingesetzt.

Früher drehte sich alles um den Verkauf teurer Sargmodelle, heute zählt, was den Trauernden wichtig ist, beschreibt der Kölner Bestatter Christoph Kuckelkorn, bundesweit bekannt als Leiter des Kölner Rosenmontagszuges, in seinem Buch »Der Tod ist dein letzter großer Termin«. Särge oder Urnen werden bemalt oder die Lieblingsgegenstände der Verstorbenen werden in den Sarg gepackt. Bestattungen werden heute viel individueller gestaltet, und die Menschen investieren mehr Geld in die kreative Gestaltung einer Beerdigung und Trauerfeier.

Als sich die achtjährige Lena, die ihre große Schwester aufgrund einer Krebserkrankung verloren hatte, am offenen Sarg verabschieden musste, hatte sie noch einen Brief geschrieben: »Wir haben dich alle sehr dolle lieb. Für immer!« Alle mussten ihre Unterschrift daruntersetzen. Sozusagen eine Art Vertrag, damit alles seine Richtigkeit hatte.

Was im Körper geschieht – Wissen gegen die Angst

Wir schoben also das Bett mit dem Toten hinaus, raus aus der Palliativstation auf den Flur des Krankenhauses. Dort begegneten uns Ärzte, Pflegekräfte und ein paar Besucher. Zuerst grüßten sie uns freundlich, doch als ihr Blick auf das Bett fiel, fror ihr Lächeln ein. Links, rechts, den Gang geradeaus, links um die Ecke und dann nochmal links, bis wir an einer kleinen unscheinbaren Glastür stoppten. Auch hier führte ein schmaler Gang scheinbar ins Nirgendwo. Am Ende angelangt befand sich die Kühlkammer.

Ich fühlte mich wie die staunende Alice im Wunderland, nur dass ich in der für mich unbekannten Welt der Toten unterwegs war. Der eigentliche Kühlraum war eher unspektakulär: Eine Bahre stand in der Mitte, dahinter die großen Türen der Kühlung. Die toten Körper wurden bei kühlen Temperaturen von zwei bis vier Grad in Regalen gelagert. Ich öffnete eine Tür, schob die Bahre dicht an die Öffnung heran und zog ein circa zwei Meter langes metallenes Tablett heraus.

In Windeln und T-Shirt lag der tote Mann vor uns. Die Totenstarre hatte bereits eingesetzt. Warum aber die Windel? Da der Mensch tot ist, also auch das Gehirn keine Signale mehr sendet, öffnet sich der Schließmuskel. Deswegen sollte der Leichnam möglichst bis zu seinem letzten Stuhlgang eine Windel anbehalten.

Dass es nach dem Tod eines Menschen zu einer Leichenstarre kommt, ist sicherlich dem ein oder anderen bekannt. Aber wie verhält es sich genau damit? Insgesamt kann es übrigens bis zu acht Stunden dauern, bis der Leichnam vollständig erstarrt ist. Dafür verantwortlich ist ein im lebendigen Körper wichtiges Molekül, kurz ATP, was unsere Muskeln entspannen lässt. Wenn die Stoffwechselfunktionen mit dem Tod eingestellt werden, kann vom Körper kein ATP mehr produziert werden. Es kommt zu einer Muskelkontraktion, und die Leichenstarre beginnt. Gewöhnlich beginnt diese im Bereich des Unterkiefers, hin zur Nackenmuskulatur, bis sie auch die Extremitäten – Hände und Füße – erreicht hat.

In der Regel löst sich die Erstarrung durch die Selbstauflösung der abgestorbenen Muskelzellen nach 24 bis 48 Stunden wieder auf, und der Bestatter kann den Leichnam nun waschen und ankleiden. Knochen werden dabei nicht gebrochen, doch dieses Vorurteil hält sich hartnäckig. Es wird lediglich überprüft, ob die Leichenstarre vorbei ist.

Fragen Sie sich jetzt vielleicht, warum ich Ihnen das alles erzähle? Weil ich glaube, dass die Konfrontation mit der Realität eine ist, die entlastet, die Ruhe in die Unruhe bringt. Genau dann, wenn jemand gestorben ist. All diese inneren Abläufe sind ganz normal. Vielleicht haben Sie in der Schulzeit mal kleine Mäuse seziert oder wie ich damals im Biologieunterricht Schweineaugen untersucht. Menschen zersetzen sich, genauso wie Tiere und Pflanzen. Im Tod sind wir alle gleich, denn alles unterliegt dem Kreislauf von Werden und Vergehen.

Um den Fuß des Verstorbenen banden wir einen Zettel mit Namen und Geburtsdatum. Ich kam mir vor, wie in einem Krimi aus den Räumen der Rechtsmedizin, nur mit dem feinen Unterschied, dass ich tatsächlich anwesend war. Wir wickelten das Bettlaken um seinen Körper, zogen ihn auf das metallene Gestell und schoben ihn in den Kühlraum hinein. Als wir die Tür hinter dem Verstorbenen schlossen, machte sich ein unangenehmes Kribbeln in meinem Bauch breit. Irgendwie fühlte es sich seltsam an, diesen leblosen Körper allein zu lassen.

Der Tote ist und bleibt ein Mensch

Der Umgang mit dem Leichnam ist ganz entscheidend im Trauerprozess. Wir können selbst die Initiative ergreifen und den Verstorbenen waschen oder ankleiden. Ansonsten kümmert sich das Bestattungsunternehmen um den Leichnam. Dieses stellt den Körper optisch wieder her, macht ihn visuell ansprechend für die Hinterbliebenen. Ist ein Mensch bei einem tragischen Unfall ums Leben gekommen, kommt die Thanatopraxie ins Spiel und hat damit auch eine große Verantwortung für die Hinterbliebenen. Denn auch wenn man, aufgrund der Schwere der Todesursache, nur noch die Hand des Verstorbenen sieht, so wird es für die Hinterbliebenen real, dass genau dieser eine Mensch tot vor ihnen liegt.

Früher war es so, dass die Toten so hergerichtet, fixiert und geschminkt wurden, dass sie auf Familienporträts nahezu lebendig wirkten: eine Reinszenierung des toten Körpers. Die Postmortem-Fotografie wird so zwar nicht mehr praktiziert, doch geht man heutzutage in vielen Fällen dazu über, den toten Körper zu fotografieren. Beispielsweise werden Sternenkinder, also Kinder, die vor, während oder bald nach der Geburt versterben, früher wie auch heute als schlafend porträtiert. Das Bild wird damit zum Erinnerungsobjekt für die Hinterbliebenen. Dadurch wird der Tod vergegenwärtigt, und das kann auch im Trauerprozess hilfreich sein.

(M)ein Tag beim Bestatter

Normalerweise bin ich diejenige, die die Sterbenden in den Tod begleitet, was danach geschieht, kenne ich nur aus Erzählungen, Literatur und Dokumentationen. Für mich war also klar: Ich muss zum Bestatter. Wenigstens einen Tag mal reinschnuppern.

Gleich am Vormittag kam der Anruf: Es gab einen Todesfall genau in dem Krankenhaus, wo ich auch immer auf der Palli bin. Helmut, einer der Bestatter, nahm mich mit. Die Fahrt war entspannt, wir kamen sofort ins Gespräch. »Viele sagen, es tut sich so viel und der Tod ist gar kein Tabu mehr«, sagte ich. »Wie siehst du das?«

Helmut lachte. »Wenn im Pflegeheim jemand stirbt, heißt es: Jungs, geht bitte durch den Keller! Angehörige rufen uns an und möchten, dass wir erst bei Dunkelheit mit dem Leichenwagen kommen. Der Tod wird nach wie vor weit weggeschoben.«

Wir betraten das Klinikum durch den Hintereingang und steuerten die Kühlkammer an. Für einen Moment hielt ich inne. »Normalerweise kommst du von der anderen Seite, von der Palliativstation, oder?« Helmut zwinkerte mir zu. Ich nickte.

»Die Aussegnung ist um 14 Uhr, danach geht es für die Verstorbene weiter ins Krematorium«, erklärte mir Helmut, als sein Kollege und er die metallene Bahre herausschoben, auf der sich ein in ein weißes Bettlaken gewickelter toter Körper befand. Mein Herz schlug immer schneller, als die beiden anfingen, die Verstorbene auszuwickeln. Auf einmal lag eine tote Frau in einem dieser weißen Krankenhaushemden vor mir. Ich stand am unteren Ende der Bahre, konnte ihr Gesicht nicht erkennen.

Die Bestatter zogen an den Armen ihren Oberkörper leicht nach oben, um die tote Frau besser ausziehen zu können. Dabei fiel der erst nach hinten überstreckte Kopf mit einem kleinen Ruck nach vorne, und die noch leicht geöffneten toten Augen starrten mich direkt an.

Für einen Moment hatte ich aufgehört zu atmen. Ich stand da und beobachtete, wie die Bestatter dieser vor einigen Stunden noch lebendigen alten Dame ein weißes Top anzogen, das der Ehemann mitgebracht hatte. Es war kein Gefühl der Angst oder Panik, welches in mir aufstieg, sondern ein warmes und vertrautes Kribbeln. Ich ging um die tote Frau herum, aus jeder Perspektive wirkte der Leichnam anders. Die Haut an Beinen und Armen war schon ganz weiß. An manchen Stellen hatten sich bereits blaue Flecken gebildet, ein bisschen Blut klebte an der Oberlippe, die Augen lagen tief in den Höhlen und waren noch leicht geöffnet. Ich schaute sie liebevoll an und erkannte in dem Augenblick, dass es Heidrun war, die ich vor einigen Tagen selbst auf der Palli begleitet hatte. Wie ging es jetzt wohl ihrem Mann? Kam er klar? Aber das alles war für den Moment egal. Denn jetzt lag sie hier: nackt und kalt und tot.

Der Tod ist nicht immer schön. Der Tod kann auch erschreckend grausam sein. Das alles ist Realität, und das Spektrum reicht weit. Die Unterhaltungsindustrie präsentiert uns entweder ein stark idealisiertes oder ein zutiefst verstörendes Bild vom Tod. Aber es gibt nicht nur schwarz und weiß, es gibt auch etwas dazwischen. Und doch ist es immer wieder seltsam, wenn der Mensch tot ist, und der Körper sich nicht mehr von selbst bewegt. Da ist dann einfach nichts mehr. Das Leben ist aus dem Körper entwichen.

»Wie kannst du das eigentlich? Sterbende begleiten?« Helmut holte mich zurück in die Gegenwart. »Bei dem Sterbeprozess dabei zu sein und das ganze Leid der Menschen mitzubekommen, das könnte ich nicht. Wir holen die Toten ab, und dann werden sie eingesargt. Wir bauen keine Beziehung zu ihnen auf, im Gegensatz zu dir.« Ich nickte. »Ja, das kann ich gut verstehen. Vor allem jetzt, weil ich gerade erkannt habe, dass ich diese Frau selbst auf der Palli begleitet habe.« Beide schauten mich erstaunt an.

Wahrscheinlich braucht es diese klare Trennung als Selbstschutz für die Menschen, die in diesen Berufsfeldern arbeiten. Helmut könnte ausgehend von seinen Erfahrungen nie als Sterbebegleiter arbeiten, ich nicht als Bestatterin. Diese Grenze zu ziehen, ist wichtig, und dabei merke ich, wie viel ich von der toten Heidrun in diesem Moment gelernt habe. Das ausgerechnet wir beide uns nochmal begegnet sind, zeigt, dass es so viel mehr zwischen Himmel und Erde gibt, als wir uns vorstellen können. Im Nachhinein war mir klar: Das musste so sein!

Doch das Berufsbild eines Bestatters ist nach wie vor von vielen Vorurteilen geprägt. »Manchmal sagen Leute zu uns: Ihr macht euer Geschäft mit unserem Leid. Da wird dann gerne übersehen, dass wir auch nur den Job machen, den sonst keiner machen will. Wir sind doch nicht schuld an dem Tod des Menschen«, sagte eine Mitarbeiterin des Bestattungsunternehmens achselzuckend.

Der Trend gehe zwar immer mehr zu möglichst individuellen Bestattungen, die aber gleichzeitig nichts kosten dürfen. »Ich kann es nicht verstehen, wenn Menschen mit einem fetten Porsche ankommen, aber für die Schwiegermutter nur die billigste Beerdigung wollen«, sagte der Geschäftsführer. »Wir müssen aufpassen, nicht in die Entsorgungsschiene abzurutschen, nicht weil wir es wollen, aber weil diese »Geiz ist geil«-Mentalität immer mehr wird.«

Auch Helmut kennt solche Erlebnisse. »Ich habe kein Problem mit den Toten. Manchmal sind es die Lebenden, die es mir schwer machen«, grinste er. »Da muss man sich manchmal echt Sachen anhören. Angehörige sagen zu mir: Reißen Sie doch den Goldzahn von dem toten Opa raus. Aber ich bin doch kein Leichenschänder. Da merke ich immer mal wieder, dass es ums Geld geht.« Es ist die Selbstverständlichkeit solcher Bitten, die betroffen machen.

Was für mich deutlich wurde, ist der große Widerspruch, mit dem sich Helmut und seine Kolleg*innen täglich auseinandersetzen müssen. Gleichermaßen schaden diese auferlegten Tabus nicht nur den Sterbenden, sondern auch denen, die in diesem Beruf arbeiten.

Letztlich geht es doch darum, sich den Menschen zuzuwenden, die einen enormen Verlust erlitten haben, ihnen Zeit zu schenken und für deren Bedürfnisse da zu sein. Da kann ein Beratungsgespräch auch locker mal drei Stunden dauern. Das ist wahrscheinlich vor allem in unserer heutigen so schnelllebigen Zeit etwas Besonderes. Auf dem Nachhauseweg klingen mir die Worte nach: »Wir sind Bestatter, wir sind Berater, wir sind Begleiter!«

Friedwald und andere, neue Formen der Bestattungskultur

Unabhängig von meinem Erlebnis auf der Palli gibt es ganz verschiedene Wege, die ein Toter nehmen kann. In Deutschland folgt alles noch einem sehr starren Gerüst mit strengen Auflagen und Vorgaben. Dabei hat jedes Bundesland sein eigenes Bestattungsgesetz. Ein verstorbener Mensch muss auf einem Friedhof oder -wald beigesetzt werden. In den meisten Bundesländern gilt zudem für Menschen aus anderen Glaubensgemeinschaften auch keine Sargpflicht mehr. Das bedeutet, dass diese Menschen nur in einem Leichentuch beigesetzt werden. Wenn sich jetzt der ein oder andere denken könnte, »die sparen sich ja das ganze Geld für den Sarg«, irrt. Denn die Dienstleistung muss ja trotzdem erbracht werden. »Wenn kein Umsatz über den Sargverkauf gemacht wird«, erklärte mir der Geschäftsführer, »muss das eben mit anderen Kosten verrechnet werden.« Geld hin oder her, meiner Meinung ein Schritt in die richtige Richtung für mehr kulturelle Vielfalt auf Friedhöfen. Aus Gesprächen mit Trauernden erfahre ich immer wieder, wie wichtig es für die Hinterbliebenen ist, einen Ort zu haben, um sich zu erinnern, Blumen abzulegen und sich dem Verstorbenen ganz nah und verbunden zu fühlen.

Die USA ist da schon ein bisschen weiter, denn dort können Menschenleichen bereits kompostiert werden. Da wird der Leichnam nicht in die Kühlhalle, sondern gleich zu quicklebendigen Zersetzungsbakterien gebracht, um dort wieder eins mit dem Kreislauf des Lebens zu werden. Bei der »Tree of life«-Baumbestattung wird die Asche des Verstorbenen mit dem ausgewählten Baum in einen Topf gepflanzt und großgezogen. Der Verstorbene »lebt« also in dem Baum weiter. Ein schöner Gedanke, das einzige, aber keineswegs unlösbare Hindernis: In Deutschland ist diese Form der Bestattung derzeit noch illegal.

Das Bild, das wir uns vom Tod machen

Doch um unsere ganze tabuisierte und verdrängende Einstellung zum Tod vielleicht ein bisschen besser verstehen zu können, wagen wir mal einen Blick in die Vergangenheit. Was für ein Bild machen wir uns eigentlich vom Tod? Was für eine Gestalt nimmt »er« an? Eine bildhafte Vorstellung, nämlich die Figur des Sensenmanns ist dabei immer noch recht allgegenwärtig. Doch woher kommt diese schwarze Kuttengestalt mit der erhobenen Sense überhaupt?

Es ist schon überaus erstaunlich, dass sich ein im 14. Jahrhundert etabliertes Bild vom Gevatter Tod bis in das 21. Jahrhundert gehalten hat. In Zeiten der Pestepidemie steuerten Künstler und Maler dazu bei, ein konkretes Bild vom Tod abzuzeichnen. Das hat sich bis heute gehalten. Der Sensenmann fand Einzug in Film und Fernsehen, in allerlei Cartoons und auch als Comedy Act auf der Bühne, auch wenn es unserem heutigen Zeitgeist gar nicht mehr so recht entsprechen mag. Mit Witz, Charme und allerlei schwarzem Humor lässt sich mit dem Tod und der Angst dahinter ganz gutes Geld verdienen. Der Sensenmann wird damit zur Marke und gleichzeitigen Verkaufsstrategie.

Bestattungsrituale in Afrika und anderen Kulturen

Doch hinter alldem stecken oft kulturelle Symbole, die uns Menschen helfen, unsere Todesfurcht zu kontrollieren. So geschieht es auch mit den kulturellen Riten und Bestattungsformen auf der Welt. »Andere Länder, andere Sitten« – das gilt auch bei der Bestattung. Ein kleiner Exkurs nach Südafrika, Tibet und Indonesien zeigt, dass die Menschen dort an ein gutes »Weiter« nach dem Tod glauben und viel unbefangener mit dem Ende des Lebens umgehen als wir in Deutschland.

Jede Kultur, jede Religion glaubt an etwas anderes: Was passiert, wenn wir tot sind und nichts als der Körper zurückbleibt. Geht dann die Seele auf Reisen? Für die Christen kommt man entweder in den Himmel oder in die Hölle. Bei dem Volk der Toraja in Indonesien wandert die Seele ins Bardo, die Zwischenwelt, und in Mexiko kommen die Verstorbenen einmal im Jahr zurück zu den Lebenden.

Als ich in einem Hospiz in Südafrika gearbeitet habe, wurde mir folgende Geschichte erzählt: Wenn ein Mensch nicht zu Hause verstirbt, muss ein Familienmitglied mit einer Plastiktüte und einem Zweig von einem heiligen Baum zu jenem Sterbeort fahren und die dort abgebliebene Seele sozusagen »eintüten«. Natürlich weiß jeder in Südafrika um dieses Ritual, und die Taxifahrer verlangen Geld für zwei Personen, denn die Seele ist ja schließlich auch als Fahrgast dabei. Erst muss die Seele mit dem Körper verbunden werden, erst dann darf die Beerdigung fortgesetzt werden. Es wird ein riesiges Fest veranstaltet, oft opulenter als jede Hochzeit, die mehrere Tage dauert.

Der Ort, an dem der Verstorbene beigesetzt wird, ist meist eine Art »Familiengrab« in Form einer Lehmhütte. Es wird ein Tier getötet, um das Blut an die Innenseiten der Hütte zu streichen. Denn es besteht der (Aber-)Glaube, dass der Geist des Verstorbenen wild umherwütet und so in Bann gehalten wird. Dadurch soll gewährleistet werden, dass so schnell kein anderes Familienmitglied stirbt.

Mir wurden viele verschiedene Geschichten erzählt. Letztlich kann ich hier nur weitergeben, was mir berichtet wurde. In Südafrika werden viele verschiedene Bräuche und Traditionen zelebriert, sodass wohl jede Kultur und dabei auch jede Geschichte ihre Richtigkeit haben.

Ich kann mir gut vorstellen, dass die Himmelsbestattung, wie sie in Tibet praktiziert wird, erstmal schockiert. Ein Mangel an Brennholz und gefrorene Böden veranlassten die Menschen dort, diese Form der Bestattung einzuführen. Eine andere kulturelle Anschauung ist es, welche die Menschen in Tibet bewegt, ihre Toten so zu behandeln, gleichermaßen mit Respekt und Demut: Erst wird dem Leichnam aus dem tibetischen Buch der Toten vorgelesen, und gleichzeitig wird er symbolisch mit Essen versorgt, bis der tote Körper zum »Tal des Buddha« gebracht wird. Der Leichenzerteiler teilt die Leiche und lockt die Aasgeier an, die sich dann sozusagen um den Rest kümmern. Der Gedanke dahinter: wieder zu einem Teil des ewigen Kreislaufs werden. Im buddhistischen Glauben geht es darum: Was von der Natur genommen wird, soll in Form des verstorbenen Körpers wieder zurückzugeben werden. Dieses Ritual mag auf den ein oder anderen vielleicht grausam und pietätlos wirken, doch wenn wir um die Beweggründe wissen, hat es meiner Meinung nach etwas zutiefst Friedvolles.

Das Volk der Toraja im tiefsten Indonesien lebt mit seinen konservierten Toten meist noch jahrelang im gleichen Haus zusammen. Das Interessante daran ist, dass der Verwesungsprozess der Leichen genauso wie bei dem Erfinder der »Körperwelten« Gunther von Hagens mithilfe von Formalin gestoppt wird. So weit entfernt, brutal oder pietätlos ist es gar nicht, wenn man bedenkt, dass andere Völker schon seit Jahrhunderten die ewige Präsenz des Todes praktizieren. Aus deren Perspektive betrachtet wäre es wohl äußerst seltsam, den Leichnam zu verbrennen, um diesen dann mit Blumenschmuck beizusetzen. Letztlich kommt es doch immer nur auf den jeweiligen Blickwinkel an.

Nahtoderfahrungen und Träume

An dem Phänomen der Nahtoderfahrung forschen Wissenschaftler bereits seit Jahrzehnten und können sich das alles doch nicht so genau erklären. Was passiert also, wenn sich ein Mensch in dieser unerklärlichen Grauzone zwischen Leben und Tod befindet? Dabei können wir uns nur auf das stützen, was die Menschen, die aus dieser Zwischenwelt zurückkommen, uns zu berichten haben. Viele Menschen waren klinisch tot, doch können nach ihrer Rückkehr genau beschreiben, was sich in den Momenten ihres »Todes« zugetragen hatte. In meinen bisherigen Begleitungen habe ich noch keinen sterbenden Menschen kennengelernt, der mir von einer Nahtoderfahrung berichten konnte.

Doch auch Träume sind ein wichtiges Indiz und können viel über den aktuellen Gesundheitszustand aussagen. Hier möchte ich von einem Traum einer Patientin berichten, den sie mir kurz vor ihrem Tod erzählt hat:

Ich sitze in einem Flugzeug.
Stickige, verbrauchte Luft.
Mein Atem geht schwer.

Alles ist dunkel. Ein beklemmendes Gefühl steigt in mir auf, und ich versuche zu schreien.
Doch niemand hört mich. Die ganze Luft ist erfüllt von verzweifelten Rufen. Panisch versuche ich, mich an etwas festzuhalten. Doch da ist nichts.
Die Angst erdrückt mich. Ich fühle mich so hilflos.

Wie aus dem Nichts ist da plötzlich ein Licht. Ein Licht voller Wärme, Liebe und Geborgenheit. Unmöglich, dieses Gefühl zu beschreiben, das sich vollkommen in mir ausbreitet. So etwas Schönes habe ich vorher noch nie gesehen und ich spüre, dass alles gut ist.
Ich habe keine Angst mehr – wovor auch?

Es ist so, als wäre die Tür endlich offen für mich, um hindurchzugehen.

Und was kommt danach?

Manche glauben an die Kraft des Universums oder an uns Menschen als reine Energie, vielleicht auch an eine Trennung zwischen Körper und Geist. Gibt es sowas wie Reinkarnation wirklich, oder leben wir nach dem Tod weiter in einer anderen Welt? Egal wie wir es sehen und nennen wollen, viel entscheidender ist zu begreifen, dass das, was hier als einst so lebendiger Mensch vor uns liegt, nur noch die verlassene Hülle darstellt. Ein von Leben und Tod gezeichneter Körper: die faltige Stirn, gepflegte Hände oder die dünnen Beine, die Knie schon ganz spitz. Der ganze Körper marmoriert in einem leichten violetten Ton.

Als symbolische Metapher für die Seele oder Auferstehung wird oft der Schmetterling verwendet. Unser Körper dient als Kokon, und die Seele spiegelt sich in dem geschlüpften Schmetterling wider. Die braune unscheinbare Larve, die träge und langsam vor sich hin kriecht, bis sie sich schließlich verpuppt und sich nach ungefähr drei bis fünf Wochen in einer komplett neuen Welt wiederfindet: der Welt der Schwerelosigkeit. Die alte Hülle lässt sie zurück und begibt sich auf Entdeckungstour aus einer vollkommenen neuen Perspektive. Die Metamorphose dient als Symbolik für unser Leben nach dem Tod und lässt vieles leichter und so bunt und lebendig erscheinen, wie beispielsweise bei einem Zitronenfalter, der tänzelnd um uns herumflattert.

Am liebsten für immer lebendig

Wir Menschen sind eine Spezies, die gerne für alles eine genaue Erklärung hätte. Dass das kein Phänomen der modernen Gegenwart ist, verdeutlichen die Geschehnisse der Pestepidemie im 14. Jahrhundert. Denn hier entwickelte sich der Sensenmann, als Erklärung für den Tod. Ein toter Körper mit Sense als Abbild des Todes? Nicht besonders einfallsreich, aber greifbarer und für manche ein perfides Mittel, um noch mehr Angst zu schüren. Auf die kirchliche Verbreitung von Himmel und Hölle möchte ich gar nicht weiter zu sprechen kommen.

Wir sammeln also weiterhin Beweise, stützen uns auf Studien, Statistiken und wollen damit auch den Tod unter Kontrolle bekommen, um ihn zu bekämpfen und hoffentlich so bald wie möglich auszurotten. Was aber würde ein Ende unserer Endlichkeit eigentlich bezwecken?

Für mich würde es das Ende einer menschlichen Entwicklung, ohne Veränderung, ohne Fortschritt und ohne Perspektive bedeuten. Der Mensch, wie auch sonst jegliches Lebewesen, ist nicht gemacht für die Ewigkeit. Und das ist – meiner Meinung nach – auch gut so.

Die Terror-Management-Theorie der amerikanischen Wissenschaftler Solomon, Greenberg und Pyszczynski besagt, dass wir nicht existieren könnten, wenn wir uns ständig mit unserer Urangst, nämlich der Furcht vor dem eigenen Tod konfrontieren würden. Unsere Verdrängung ist also zu einem gewissen Teil gerechtfertigt. Sich rund um die Uhr mit dem Tod zu beschäftigen ist eher weniger zu empfehlen. Mein Tipp wäre, sich lieber portionsweise in kleinen Häppchen dem Thema Sterben und Tod zu nähern und sich mit engen Freunden oder Familie auszutauschen: in einer gemütlichen Atmosphäre bei Kaffee und Kuchen einfach mal über die eigene Beerdigung reden. Das wäre doch ganz nett, oder nicht?

Wie aber managen wir das Problem unserer Todesangst? Bewältigung durch den Versuch der Unsterblichkeit erscheint mir da eher fragwürdig. Oder wollen wir eigentlich nur ein langes, gesundes Leben und dann irgendwann im hohen Alter einfach friedlich »einschlummern«? Nun, da scheiden sich die Geister. Denn blicken wir mal zum Transhumanismus, der die Verschmelzung von Mensch und Technologie befürwortet, wird deutlich, was in unserer hochtechnisierten Welt bereits möglich ist: So wird bei der Kryokonservierung der eigentlich tote, aber immer noch künstlich beatmete Körper in flüssigem Stickstoff bei -196 Grad tiefgekühlt und kann dadurch nicht verwesen. Die kryostatische Wiederauferstehung lebt mit dem Gedanken, den Körper nicht für das Jenseits, sondern für das Diesseits einzufrieren und den Körper wieder »auferstehen« zu lassen, wenn die High-Tech-Medizin sozusagen so weit ist. Es gibt immer mehr Menschen, die Unsummen in den Kampf gegen den Tod investieren. Dabei ist ihnen jedes Mittel recht, um deren Sinne, aber auch deren Selbst zu erweitern. Was treibt diese Menschen an, so weit zu gehen?

Der Gedanke, dass Menschen irgendwann zu Cyborgs werden, sich also immer mehr technische Elemente in den Körper einsetzen lassen, erscheint gruselig, aber im Angesicht der modernen Technologien wohl gar nicht mehr abwegig, denn es passiert ja bereits. Agieren wir hier aus dem Antrieb heraus, unsere Todesängste zu umgehen, um Unsterblichkeit zu erlangen?

Doch wenn man das Leben vom Tod aus betrachtet, bekommt vieles einen anderen Fokus. Es ist nicht mehr wichtig, ob wir die neusten Sneakers oder die teuersten Klamotten besitzen, tiefgefroren werden, all das wird mit einem Mal so nebensächlich. Unser Wirtschaftssystem ist gut darin, uns täglich, minutiös, quasi nonstop etwas anderes vorzugaukeln. Der Künstler Joseph Beuys sagte: »Was wir heute alles kaufen sollen, wie der profitgetriebene Privatkapitalismus es will: Wir brauchen es nicht.«

Doch vorerst ist das alles noch Zukunftsmusik für die normale Bevölkerung, und die Verstorbenen teilen sich ihre Kühlkammer mit anderen Toten. Das leere Bett, ohne Laken, Kopfkissen und vor allem ohne den jungen toten Mann, den ich in der Kühlkammer des Krankenhauses zurücklassen musste, nimmt wieder den gleichen Weg zurück auf die Palliativstation. Mein Bauchkribbeln ist verschwunden. Ich bin froh zu wissen, wohin die Toten jetzt gebracht werden. Zurück auf der Station ist das Zimmer bereits sauber und wartet auf einen neuen Patienten. Ein ganz normaler Tag eben.

Wie mich die Begleitung Sterbender verändert

Die Geschichten sterbender Menschen haben mich sensibler gemacht und mir einen klaren Blick für das Wesentliche gegeben. Für mich hat der Tod etwas unglaublich Verbindendes. Denn der Tod verbindet sich immer mit dem Leben, genauso wie das Leben mit dem Tod. Wenn wir uns also an die existenziellsten Momente herantrauen, in denen sich Leben und Tod praktisch gegenüberstehen, werden wir gewahr, dass wir alle miteinander verbunden sind. Und deswegen möchte ich auch zum Schluss dieses Buches kein Fazit ziehen, denn ein Fazit über Leben und Tod … nein, das passt für mich nicht. Ich will Ihnen auch keine »Fünf Dinge, wie Sie mit dem Tod besser leben«, aufzeigen. Ich glaube und hoffe, dass Sie durch meine Geschichten genug mitbekommen haben. Sie brauchen keine Checkliste für Ihr Leben.

Die Menschen, die ich begleitet habe, trage ich in mir. So viele Begegnungen sind mir noch präsent, es ist, als ob mich diese Menschen durch mein Leben führen, mir Kraft und Halt geben. Als ich an diesem Buch geschrieben habe, sind immer mehr Menschen, die ich im Laufe der Jahre begleitet habe, wieder aufgetaucht und haben sich gezeigt. Vielleicht ist es mir deshalb so leichtgefallen zu schreiben? Weil ich mich wieder komplett in diese Situation zurückversetzen konnte – egal ob das erst ein paar Monate oder Jahre her ist. Weil die Art der Begegnung zählt und nur die.

Und weil auch das Beste immer zum Schluss kommt, habe ich mir meine wertvollste Geschichte bis zuletzt aufgehoben, um damit vielleicht auch die Frage zu beantworten: »Wie hat mich die Begleitung Sterbender verändert?«

Wenn der Wind weht, denke ich an Anna

Anna war eine junge Frau Anfang 30, und ihre schwarz gelockten kurzen Haare wippten leicht im Takt ihrer Erzählungen. Es war Ostern, und in ihrem Zimmer auf der Palliativstation stand ein riesiges Schokoladenosternest. Man konnte ihre Schönheit unter ihrem aufgedunsenen Gesicht noch erkennen: die vollen Lippen, die klaren blauen Augen. Sie strahlte. Ihre Stimme tönte heiser und schrill, es fiel ihr durch das Tracheostoma schwer zu sprechen. Der Luftröhrenschnitt musste sein, erzählte sie. Anna hatte Krebs.

Sonnenstrahlen fielen auf ihr Gesicht, und sie schloss genüsslich die Augen. In ihrem luftigen Frühlingskleid konnte sie die körperlichen Folgen der Chemotherapien gut verstecken. Wir unterhielten uns lange, doch irgendwann war die Zeit gekommen, Abschied zu nehmen. Es fiel mir schwer, das muss ich sagen. Denn damals dachte ich, wir würden uns nie mehr wiedersehen.

Aber das Leben hatte anderes mit uns vor, denn ich durfte Anna mehrmals wiedertreffen und in ihrem Sterbeprozess begleiten. Jedes Mal verabschiedeten wir uns, als wäre es endgültig, und waren dann wieder freudig überrascht, uns doch nochmal zu treffen. Ein paar Wochen später erzählte unsere Seelsorgerin, dass Anna wieder da sei, aber es gehe ihr nicht sehr gut.

Anna war im kleinsten und gemütlichsten Zimmer der Palliativstation untergebracht. Sie lag da, fast wie Schneewittchen, blass und die Hände auf dem Bauch gefaltet. Sie atmete schwach. Der Tumor hatte bereits angefangen, sich durch ihr Gesicht zu fressen. Die rechte Wange war eine einzige große Wunde, schwarz und eitrig. Ich konnte bis auf ihre Zähne sehen. Ich war seltsam fasziniert und gleichzeitig erschrocken, sie so vorzufinden.

Erst setzte ich mich und fing einfach an zu reden, obwohl ich zu diesem Zeitpunkt noch gar nicht wusste, wie wichtig es ist, mit scheinbar schlafenden Sterbenden zu sprechen. Mir flossen die Tränen aus den Augen, und ich fühlte mich unglaublich hilflos. Anna regte sich nicht. Als ich an ihrem Bett stand, legte ich meine auf ihre Hände. Ihre Haut fühlte sich ganz warm an. Und in dem Moment, als sich unsere Hände berührten, nahm sie langsam und sanft meine Hand in ihre, bewegte sie zu ihrem Herzen und drückte sie fest an sich.

Ein tiefes, wärmendes Kribbeln erfüllte mich, und ich flüsterte: »Ich vergess' dich nie.« Ein leichtes Lächeln umspielte ihre Mundwinkel, bevor sich ihre Gesichtsmuskeln wieder entspannten.

Die darauffolgenden Tage kam ihre ganze Familie zu Besuch, und ihre ältere Schwester Jana verbrachte Tag und Nacht bei Anna.

»Anna hatte nie Angst vor dem Tod. Sie hatte immer Angst vor dem Leben«, waren Janas Worte zu mir. »Das Leben hat Anna immer sehr geängstigt, voll mit Risiken und Unsicherheiten. Als sie die Diagnose bekam, hatte ich das erste Mal das Gefühl, Anna kann von all ihren Ängsten loslassen und richtig leben.« Auf einmal verstand ich, dass mit dem Bewusstsein um den baldigen Tod auch das Leben stärker in den Vordergrund rückt. Anna hatte all diese Kraft und Liebe ausgestrahlt und war für mich, wie für viele Menschen, prägend und wegbegleitend zu meinen Anfängen auf der Palliativstation.

Und manchmal, wenn der Wind weht, die Sonne scheint oder es regnet, schaue ich in den Himmel und denke an Anna.

Seit ich mich mit dem Tod und damit auch mit meiner eigenen Endlichkeit auseinandersetze, sehe ich so vieles ganz anders.

Das Leben als endliches Geschenk anzuerkennen, verändert. Und die Menschen, die sich davor drücken und den Tod verdrängen und verleugnen, die werden sich bis zuletzt mit Oberflächlichkeiten beschäftigen, um dort ihre »Erfüllung« zu suchen. »Es gibt keine Grenzen. Weder für Gedanken noch für Gefühle. Es ist die Angst, die immer Grenzen setzt«, sagte der schwedische Drehbuchautor und Regisseur Ingmar Bergmann. Es ist die Angst vor der Veränderung. Doch Veränderung an sich ist doch ein fortlaufender Prozess, und am Ende steht der Tod. Bei jedem, kompromisslos.

»Mehr vom Leben« ist ein Buch für unseren Selbstwert, für unsere Beziehungen zu Menschen, und um den Schritt zu einer Konfrontation mit unserer eigenen Endlichkeit zu wagen. In unserem Leben geht es ständig um Abschied und Neubeginn. Wie eine Serie mit unzähligen Episoden und einem doch unausweichlichen, alles entscheidenden Finale. Der Tod ist nicht erklärbar und bleibt ein ewiges Rätsel – für jeden von uns. Doch aus dieser Unsicherheit heraus agieren wir mit Angst, Verdrängung und Schweigen. Aber dann lasst uns doch gemeinsam Angst haben, das Schweigen aushalten und uns dadurch Halt geben. Genauso wie wir übers Leben reden und Pläne für die Zukunft schmieden, sollten wir auch dem Tod einen festen Platz darin geben und nicht länger tabuisieren. Hoffentlich mit der Erkenntnis: So fühlt sich also das wahre Leben an!

Dank

Mein größter Dank gilt allen Verstorbenen, sterbenden und trauernden Menschen, die ich im Laufe meines Lebens begleiten durfte und die mich tief in ihre Welt hineinschauen ließen. Ohne sie wäre ich nicht die Frau, die ich heute bin.

Danke an die Palliativstation in Würzburg und Regensburg und das Hospiz und Kinderheim in Südafrika, die mir all das ermöglicht haben. Danke an das Bestattungsunternehmen FRIEDE, bei dem ich so kurzfristig einen Tag lang dabei sein durfte. Danke Helmut für die intensiven Gespräche und meine erste Fahrt in einem Leichenwagen ☺.

Ein besonderer Dank geht an meine Familie und engsten Freunde (ihr wisst schon, wer gemeint ist), die mich in all der Zeit so sehr unterstützt haben. Danke an Sarah und ihre Familie aus Hamburg. Ihr findet sie übrigens auch online unter: *Sarah und die NCL*.

Ohne die Unterstützung und das Mutmachen meiner Lektorin Michaela Breit hätte ich wohl selbst nie daran geglaubt, dieses Buch zu schreiben. Vielen Dank! Und für die intensive Zusammenarbeit und die Strukturierung meiner Texte danke ich ganz herzlich Michaela Borowy.

Herangezogene und weiterführende Literatur

Achleitner, Carl (2020). Das Geheimnis eines guten Lebens. Edition A, Wien.
Albom, Mitch (2002). Dienstag bei Morrie. Goldmann Verlag, München.
Ariès, Philippe (2009). Geschichte des Todes. dtv Verlag, München.
Bauer-Mehren, Renata (2020). Wenn Lebenspläne sich nicht erfüllen. Waxmann Verlag, Münster.
Bausewein, Claudia (2015). Sterben ohne Angst. Kösel Verlag, München.
Bausewein, Claudia & Simader, Rainer (2020). 99 Fragen an den Tod. Droemer Knaur Verlag, München.
Borasio, Gian Domenico (2013). Über das Sterben. dtv Verlag, München.
Bormann, Franz-Josef & Borasio, Gian Domenico (2016). Sterben. Dimensionen eines anthropologischen Grundphänomens. De Gruyter Verlag, Berlin.
Bosse, Ayşe (2016). Weil du mir so fehlst. Carlsen Verlag, Hamburg.
Butler, Judith (1991). Das Unbehagen der Geschlechter. Suhrkamp Verlag, Berlin.
Canacakis, Jorgos (2002). Ich sehe deine Tränen. Kreuz Verlag im Verlag Herder, Freiburg.
De Ridder, Michael (2011). Wie wollen wir sterben? Pantheon Verlag, München.

De Beauvoir, Simone (1975). Ein sanfter Tod. Rowohlt Verlag, Reinbek.

Devine, Megan (2018). Es ist okay, wenn du traurig bist. mvg-Verlag, München.

Der Tod & Exitussi (2020). Praktikum beim Tod. Cartoons. Satyr Verlag, Berlin.

Doughty, Caitlin (2017). From here to eternity. Norton & Company, New York.

Elias, Norbert (1982). Über die Einsamkeit Sterbender in unseren Tagen. Suhrkamp Verlag, Berlin.

Engelke, Ernst (2012). Gegen die Einsamkeit Sterbenskranker. Lambertus Verlag, Freiburg.

Ernaux, Annie (2019). Eine Frau. Suhrkamp Verlag, Berlin.

Eyrich, Alexandra (2021). Und wenn sie nicht doch gestorben sind? Der Erzählverlag, Berlin.

Feldmann, Klaus (2004). Tod und Gesellschaft. Springer Verlag, Berlin.

Flaßpöhler, Svenja (2013). Mein Tod gehört mir. Über selbstbestimmtes Sterben. Pantheon Verlag, München.

Frisch, Max (2011). Antwort aus der Stille. Suhrkamp Verlag, Berlin.

Funke, Cornelia (2021). Die Brücke hinter den Sternen. Dressler Verlag, Hamburg.

Gockel, Matthias (2019). Sterben. Berlin Verlag, Berlin.

Grosch, Antje (2020). Puzzlestück. Hoch Leben Verlag, Berlin.

Heller, Andreas & Heller, Birgit (2012). Wie Religionen mit dem Tod umgehen. Lambertus Verlag, Freiburg.

Herrndorf, Wolfgang (2015). Arbeit und Struktur. Rowohlt Verlag, Hamburg.

Husebø, Stein (2005). Liebe und Trauer – was wir von Kindern lernen können. Lambertus Verlag, Freiburg.

Ingrisch, Lotte (2008). Die schöne Kunst des Sterbens. Nymphenburger Verlag, München.

Kast, Verena (2013). Trauern: Phasen und Chancen des psychischen Prozesses. Kreuz Verlag, Freiburg.

Keil, Annelie & Schenk, Henning (2017). Das letzte Tabu. Herder Verlag, Freiburg.

Knausgård, Karl Ove (2013). Sterben. btb Verlag, München

Koch, Werner (1987). Vom Tod. Insel Verlag, Berlin.

Kuckelkorn, Christoph (2020). Der Tod ist dein letzter großer Termin. Fischer Verlag, Frankfurt a.M.

Kübler-Ross, Elisabeth (1969). Interviews mit Sterbenden. Herder Verlag, Freiburg.

Lakotta, Beate & Schels, Walter (2004). Nochmal leben vor dem Tod. DVA, München.

Michelberger, Melodie (2021). Body Politics. Rowohlt Verlag, Hamburg.

Müller, Eva (2017). Sterben ist echt das Letzte! Schwarzer Turm Verlag, Weimar.

Müller-Busch, Hans Christof (2012). Abschied braucht Zeit. Suhrkamp Verlag, Berlin.

Noll, Peter (1987). Diktate über Sterben und Tod. Piper Verlag, München.

Nuland, Sherwin B. (1994). Wie wir sterben. Ein Ende in Würde? Kindler Verlag, Berlin

Orbach, Susie (2009). Bodies. Schlachtfelder der Schönheit. Arche Verlag, Zürich.

Orbach, Susie (1987) Hunger strike. Econ Verlag, Berlin.

Paul, Chris (2017). Ich lebe mit meiner Trauer. Gütersloher Verlag, München.

Rauch, Florian, Kern Tita & Rinder Nicole (2017). Wie Kinder trauern. Kösel Verlag, München.

Roth, Fritz (2012). Das letzte Hemd. Campus Verlag, Frankfurt a.M.

Schlingensief, Christoph (2009). So schön wie hier kanns im Himmel gar nicht sein. Kiepenheuer & Witsch Verlag, Köln.

Schlink, Bernhard (2020). Abschiedsfarben. Diogenes Verlag, Zürich.

Schulz, Roland (2018). So sterben wir. Piper Verlag, München.

Schroeter-Rupieper, Mechthild (2020). In deiner Trauer getragen. Dromer-Knaur Verlag, München.

Seneca (2017). Der gute Tod. Reclam Verlag, Ditzingen.

Smeding, Ruthmarijke (2010). Trauer erschließen. Eine Tafel der Gezeiten. Hospizverlag, Esslingen.

Solomon, Sheldon, Greenberg, Jeff & Pyszczynski, Tom (2015). Der Wurm in unserem Herzen. DVA Verlag, München.

Sonnenberg, Ann-Kathrin (2021). Legalisierung aktiver Sterbehilfe? YouGov. Abgerufen am 15.06.2021 von *https://yougov.de/news/2021/05/05/legalisierung-aktiver-sterbehilfe-zustimmung-unter/*.

Student, Johann-Christoph (2004). Sterben, Tod und Trauer. Ein Handbuch für Begleitende. Herder Verlag, Freiburg.

Süskind, Patrick (2006). Über Liebe und Tod. Diogenes Verlag, Zürich.

Taylor, Cory (2016). Sterben. Eine Erfahrung. Ullstein Verlag, München.

Tucholsky, Kurt (2006). Dürfen darf man alles. dtv Verlag, München.

Weiher, Erhard (2011). Das Geheimnis des Lebens berühren. Kohlhammer Verlag, Stuttgart.

Wiesemann, Claudia, Simon Alfred, Hrsg. (2013). Patientenautonomie. Mentis Verlag, Paderborn.

Witt-Loers, Stephanie (2013). Kindertrauergruppen leiten. Ein Handbuch. Gütersloher Verlagshaus, München.

Wells, Benedict (2016). Vom Ende der Einsamkeit. Diogenes Verlag, Zürich.

Worden, William James (2017). Beratung und Therapie in Trauerfällen. Hogrefe Verlag, Göttigen.

Yalom, Irvin (1980). Existenzielle Psychotherapie. EHP Verlag, Gevelsberg.

Yalom, Irvin (2010). In die Sonne schauen. btb Verlag, München.

Kindern Halt geben können

Was tun, wenn Kinder mit Schweigen, Wut, Appetitlosigkeit und Rückzug in einer Krise reagieren? Erklärend und beratend stehen die Fachleute dieses Buches Erwachsenen zur Seite, damit Kinder ihre Trauer in einem verständnisvollen, schützenden Umfeld leben können.

 Kösel

www.koesel.de

Trost in Zeiten der Trauer

Besonders die Tage unmittelbar nach dem Tod eines Nahestehenden sowie Feiertage, Geburtstag, Hochzeitstag und der Todestag selbst erfordern Rituale, damit aus der Erinnerung eine heilende Kraft entsteht. Die Autorin ist langjährige Trauerbegleiterin und hat selbst ein Kind verloren. Mit diesem Buch bietet sie Trost, Verständnis und Hilfe an.

 Kösel   www.koesel.de

Worte und Bilder, die trösten

Einem Trauernden bewusst zu machen, dass die Liebe bleibt, ist eine der schönsten Möglichkeiten, jemandem beizustehen. Dieses Büchlein spendet mit poetischen und philosophischen Texten bekannter Dichter der Weltliteratur und stimmungsvollen Fotos Trost und Zuversicht.

Kösel

www.koesel.de